新馬克思主義經典譯叢

[杜章智・沈起予]主編

新馬克思主義經典譯叢⑤

自我批評論文集(補卷)

作　　者　阿圖塞等
譯　　者　林泣明、許俊達
主　　編　杜章智、沈起予
責任編輯　簡旭裕

發 行 人　王榮文
出 版 者　遠流出版事業股份有限公司
台北市 10714 汀州路三段 184 號 7 樓之 5
郵撥　0189456-1　**電話**　(02)365-3707
傳眞號碼　365-7979
發行代理　信報股份有限公司
電話　(02)365-4747

排　　版　正豐電腦排版有限公司
印　　刷　優文印刷股份有限公司
□1991 年 10 月 16 日　初版一刷

行政院新聞局局版臺業字第 1295 號
售價 220 元(缺頁或破損的書，請寄回更換)

ISBN 957-32-1421-0

自我批評論文集

（補卷）

阿圖塞等／著◎林泣明、許俊達／譯

主編總序

嚴謹的新馬克思主義研究在國內是一門新興的事業。隨著解嚴和開放的政策,現在已經有越來越多的讀者和學者對這門學科感到興趣。我們可以看到,不僅在學校課堂傳授這門學科的老師是日漸增多,把研究和學習的對象擺在這個方向上來的研究生,現在亦不在少數。而坊間出售的這類書籍目前更是普遍獲得讀者的喜愛,供不應求。這些發展亦說明我們的社會裡,還是有許許多多的人關心著思想、關心著社會。但是在這樣朝氣蓬勃的發展背後,目前卻仍然還存在著相當多的問題與難題。這些問題和難題是許許多多的讀者和研究者都有同感的,也是最迫切需要解決的。

首先問題最大的是:對於無法親炙這門學科或領域精彩內容的學生或讀者來說,這門學科或領域仍然是屬於少數人的讀書特權。他們或苦於沒有門徑進入這門領域,或是苦於進入這門領域後卻不知如何下手讀書。因此常令許許多多有心的讀者或學生對這門學問僅能「止於興趣」。對於比較想花精神深入這門學科的研究者而言,問題似乎也多。他們希望從事研究,希望這門學問能夠多少幫助他們從另一個角度來觀察世界、瞭解問題。可是經典的接觸、二手詮釋資料的蒐集、研究題材的選取等等,在在都是他們的困擾,使他們在這個領域無法海闊天空的馳騁，挫折感很重。但是對教學的人員來說，感觸還更大。上課教學資料與教材欠缺，學生的參考資料付之闕如，常常使他們的教學效果大打折扣。許多人都感覺到教學困難，手脚被綁施展不出學問來，可是一時也沒有更好的解決辦法。

而這些問題多年來卻沒有人出來爲他們設想，爲他們解決這樣急迫的問題。我們的社會裡，對於人文科學或是社會思想比較熟稔的專家或學者，他們從事的工作多半只是負責研究。頂多做一些批評、介紹就已經了不起了。對於如何在各門領域「傳、幫、帶」以提昇社會的知識水平，好像熱心的程度還不是那麼的足夠。有鑒於此，我們不揣淺陋，願意貢獻一己之力，爲一些有需求的讀者、學生、研究生和教學人員服務。

我們的做法是在這門學科上做了一些大的規劃，計劃分批、分類地出版六大類的叢書，設法分門別類爲讀者、學生、研究生和教學人員分憂解勞，讓大家對這門學科和領域的要求與滿足俱無遺憾。我們要分批出版的這六大類叢書，分別是：《新馬克思主義經典譯叢》、《新馬克思主義新知譯叢》、《新馬克思主義入門叢書》、《新馬克思主義叢刊》、《馬克思學新知譯叢》和《馬克思學研究叢刊》。我們費盡心血網羅了海內外對於這門學問學有專長的學者和名家來爲大家服務，希望好好地把這六大叢書的工作做好，爲大家略盡一點心意。

這六大類叢書的設計構想，主要是想讓每一位入門的讀者、學生、研究生或教學人員都能夠直接成套地、全盤地利用我們這批叢書進行讀書、研究和教學的工作，不假他求。我們的構想目標，是希望做到從入門的學徒到專業人士我們都能照顧，甚至希望最後做到從學徒到專家的養成也都能仰賴我們的地步。

這六大類叢書在《新馬克思主義經典譯叢》方面，我們首先打算出齊所有新馬克思主義者的經典作品。國內目前這方面的中譯書籍非常的欠缺，已經出版的成品也是做得零零散散，譯筆又不算緊嚴，在學術運用上不太能派上用場。我們打算把這些問題都做改進，使這樣的經典能夠成套成批地呈現在國人的眼前。因此原來市面上已有的譯本不行的，我們改譯；不錯的，我們參考補譯。在譯本方面，我們儘量以原有經典的出版文字爲主；情況不允許的話，我們在校訂的時候儘也可能地參考原外文版來補正。所有的版本，除非必要，否則我們絕對不做增補刪節的工作。這樣能夠讓原著以新的中文版的面貌和讀者見面，也能夠讓讀者放心地閱讀和進行學術的徵引。經典內的譯名、術語、地名或書名，我們是從習慣用法統一。如果無習慣用法，我們從已經有的專著和研究裡頭的用法，不另創新譯名滋生讀者的困擾。我們的要求是做到各種譯名能夠從俗統一，不但這套叢書裡頭所有的各類經典的各種譯名能夠統一，就是我們以下的其他五大類叢書內的各套書籍的譯名也能夠配合一起統一起來。這套叢書是所有以後各類叢書的構想得以成立和各類叢書能夠讓讀者順利應用的基礎，自然所有的格式從學術的慣例，在體例方面我們就不另做說明。

其次，我們想把現有在期刊或其他場合發表但未被收錄編纂成書的經典作品，以相關主題或思想人物作爲一輯，有系統地加以整理，編譯出版。這種編譯出版品，我們也是以原有經典原發表的文字爲編譯參考版本著手翻譯。情況不允許時，我們參考別種譯本校正。所有的譯文註明出處來源，格式悉遵照學術慣例。

《新馬克思主義新知譯叢》是我們配合著經典的譯著要出版的第二類叢書。這類的叢書涵蓋的範圍主要有兩種，一種是有關新馬克思主義的各種思想家或學派的思想概述，另一種是與新馬克思主義有關的各種重要思想範疇的專門研究。這類的叢書我們打算翻譯出版論述各家和各派思想的著作各五種至十種，談論專門思想範疇的著作各五種至十種，配合著各類的經典的出版。在這類的叢書裡，我們打算把國外現在比較重要而且談得比較具體的相關作品，依次分批有系統完整地翻譯出版。同時另一方面我們也想有系統地把主題相關但不易找到的各種期刊論文的資料，整理編譯成套出版。這類叢書的翻譯，主要作用是想以中文的方式提供資料，讓讀者比較容易瞭解前述的各種經典的重要內容、著述的時空背景，以及它們在一個思想家的思想裡或者整個社會科學界，佔著什麼樣的地位。當然我們知道僅僅是這些譯作的出版，還不足以讓讀者全面的理解現有國際出版界和學術界研究和出版的方向、概況與素質。不過有了這些作品的譯述，讀者在閱讀經典時，至少可以有個方向摸索。不用說，我們也不會認爲只仰賴這些作品，讀者就足以掌握所有經典裡的思想了。我們以爲這些作品只是我們所提供讓讀者可以比較容易進入經典領域的「工具」而已，其他的認識和突破要靠讀者自己的努力。自然我們同樣期望著將來也能夠有更多的人力和物力投入這類的譯著，出版更多成批成套齊全的作品，來幫助讀者，讓讀者能夠更加全面地掌握這類的資源。

第三類的《新馬克思主義入門叢書》是針對著入門和希望從事研究工作的讀者而設計的，但是我們也想讓這類叢書能夠成爲研究工作者和教學工作人員的一本小手册。這套叢書編輯的方向主要是從兩方面著手。一是編纂適合瞭解各種新馬克思主義思想家的介紹性書籍，另一是編纂適合於理解各類新馬克思主義思想範疇的介紹性書籍。這類叢書的編輯在材料來源上，我們不限是編譯或者是創作，我們主要扣緊的東西，是要讓這類叢書的讀者能用最短的時間，掌握住每一個相關的思想人物或者思想範疇的內容和進一步研究的方向與資料。因此我們把這套叢書的主要格式都做了統一的設計，不管叢書內的各類書籍屬於那一種領域，都是這樣的格式。這套叢書內的每一種書籍，基本上都分爲這五部份：思想家生平傳略(或思想範疇簡介)、思想重點研究、相關的書評、有關讀書入門建議和重要的參考書目等。我們在這套入門叢書裡，主要是想讓讀者對於一個新馬克思主義思想家或一個有關新馬克思主義的思想範疇有個大致的理解，知道思想的重點在那裡？以前是怎麼討論的？有那些東西可以研究？有那些題目可以進一步的研究？可以怎麼和其他的問題聯繫起來看？可以怎麼入門和可以怎麼研究？又有那些重要的原始經典需要看？有那些二手的詮釋可以參考？有了這套叢書，讀者大致可以掌握每一個新馬克思主義的思想人物或思想範疇的重要經典、思想重點、研究主題和方向、參考的資料等。有了這樣的一套叢書，至少讀者對於各種新馬克思主義思想人物或思想範疇不會陌生，對於要想進一步深入的領域該讀什麼書、有什麼書可看，也不會摸不到。當然按這套叢書提供的資訊，有心想研究的讀者一定很容易理解到，我們在前面的兩類叢書裡爲讀者提供了什麼重要的經典或二手詮釋，剩下什麼東西是自己應該去補足的。不過我們稍覺遺憾的是，國內社會科學一直都是處在落後的狀況，我們無法爲讀者再進一步的提供服務，指出那些地方可以找到那些資料，有那些先生或學者可以提供更多的資訊或研究的指導，不然這套叢書一定會更加完滿。我們只希望來日環境改善，有這個機會爲讀者增加這一項服務。

在第四類的《新馬克思主義叢刊》裡，我們打算出版討論新馬克思主義各家和各派思想的研究各五種到十種，討論新馬克思主義各種思想範疇的研究書籍各五種到十種。這套叢書和前述第二類叢書《新馬克思主義新知譯叢》不同的地方是：前面的第二類叢書，我們主要是以翻譯出版西方的研究成果爲主。我們在這類叢書是主要以出版國人的研究爲主。但是我們在這套叢書裡出版的各種研究成果，在內容方面基本的要求是不和第二類叢書重複。我們要求作品的水準是起碼能夠站在西方已有的研究成果這個基礎上，「推陳出新」地創作，同時要求作品的內容應能夠適合我們國家的現實要求與需要。導論和簡介的書籍因而不是我們這套叢書主要的出版對象。

我們出版這類的叢書，主要的理由有兩點。首先是，我們都知道一件很簡單的事實，那就是：不是所有西方出版的研究成果都能適合我們國人的需要與現實，而且也不是所有西方的研究都是毫無缺點不可超越。所以縱使我們在第二類的叢書裡推出了西方的相關研究成果，同時也精挑細選出了比較可觀的成果，可是我們不能也不敢拍胸脯保證說，這些研究成果所研究的課題無需再深入探索，進一步提昇。這也就是說，我們實在需要在中文世界再出版相關的各項足以提昇這些研究成果的作品，以廣國內讀者的認識和見識。就針對著這一點，我們事實上是應該在中文世界出版這樣一類的研究成果，以合乎事實的需要。另外出版這樣的研究成果也有其另一面的作用。我們認爲，如果能夠出版在原有西方研究成果的基礎上推陳出新的作品，那麼就能夠在中文世界對有心研究這門學科的研究者起示範作用，知道問題也可以「這樣的看」。因此我們在構想上也是希望有這樣的叢書作爲借鏡，刺激研究者利用我們前述提供的各類叢書的條件，再深入的探討其他的問題，帶動研究的空氣。

其次，西方至今所有出版過的這類叢書，對所有相關主題的探索我們不能說都完全照顧到了。儘管我們也精挑細選，希望我們能夠在前述的第二類叢書裡頭儘可能把所有的重點書，都挑出來編譯出版。但是所有我們能夠挑到的書，也不見得全部都把我們認爲應該處理到的問題完全涵蓋在內討論，可能西方的出版界根本都沒有出版討論這類問題的書籍。因此在現實上我們就有必要請學者專家針對這些被遺漏掉的主題，再撰寫一些書籍出版。這也是爲什麼我們要出版類似第二類叢書的一些書籍的根本原因。

在最後兩類的叢書《馬克思學新知譯叢》和《馬克思學研究叢刊》裡頭，我們打算把和理解新馬克思主義有關的各種馬克思主義研究書籍拿來編譯出版。其實我們想出版這兩類叢書的最大因素，是因爲過去國內在這個領域無論是研究或出版都嫌不足，這種不足讓我們一般的讀書和研究工作者無法站在這個基礎上來深入新馬克思主義的問題。如果不出版這類其實算是基礎知識的各種參考書籍，那麼我們花在新馬克思主義上的所有心血也都是白費。在這兩類的叢書裡頭，我們打算把跟新馬克思主義的理解有關、屬於詮釋馬克思主義這個領域的各種思想範疇、各類學科和各門各派的見解，都放在「馬克思學」(Marxology)的這個項下來出版。在《馬克思學新知譯叢》裡面，我們希望就西方現有的各項相關研究在各項思想範疇、各類學科和各門各派的見解的這個範圍內，各挑五本到十本分批的編譯出版。而西方的各項研究沒能照顧到的，的確又屬於國人自己的創見或新的詮釋，我們放在《馬克思學研究叢刊》這套叢書裡來出版。出版的數量與範圍，和《馬克思學新知譯叢》一樣。

這六大類叢書的出版和編譯，我們不敢說我們是做得盡善盡美了，但是我們絕對可以「毫無愧色」地向讀者坦然交待。我們的編譯和出版請讀者支持，我們的缺失和舛錯也請讀者給我們指正。我們更歡迎有心得亦有志於這門領域的研究和發展的讀者，投入他的心血加入我們的行列，讓我們這門領域的研究和出版能夠綻放出更加燦爛的花朶來。

杜章智
沈起予
一九八九年六月

目　次

主編總序　……………………………………………**杜章智・沈起予**

譯　　序　…………………………………………………………**林泣明**

編輯說明　…………………………………………………………………5

1. 阿圖塞的問題：第一部份……………………………劉易斯　9

2. 阿圖塞的問題：第二部份……………………………劉易斯　25

3. 阿圖塞：哲學和列寧主義………………………………洛克　43

4. 馬克思主義和意識形態：阿圖塞和意識形態………奧克萊　63

5. 答劉易斯(自我批評)：第一部份……………………阿圖塞　81

6. 答劉易斯(自我批評)：第二部份……………………阿圖塞　105

7. 略評阿圖塞給劉易斯的答覆…………………………康福斯　125

8. 阿圖塞問題的辯論………………………………………格雷　153

9. 阿圖塞問題的辯論……………………………………格蘭特　159

10. 阿圖塞問題的辯論……………………………………里格利　169

11. 阿圖塞問題的辯論…………………………………………雷　171

12. 阿圖塞問題的辯論………………………………………韋頓　175

13. 談談關於劉易斯—阿圖塞辯論的辯證法………高爾斯蒂克　183

14. 關於阿圖塞的討論……………………………………………劉易斯 193
15. 李森科：未完結的歷史……………………………………阿圖塞 213
16. 馬克思主義的危機……………………………………………阿圖塞 227
譯名索引 ……………………………………………………………245

譯　序

本書的內容是英國《今日馬克思主義》雜誌一九七二年～一九七四年間就阿圖塞的理論觀點進行討論的材料。這是馬克思主義理論界一次很有名的國際性學術辯論。這次辯論的關鍵人物是英國著名的馬克思主義理論家劉易斯(John Lewis)，他首先發表文章，對阿圖塞在《保衛馬克思》(*For Marx*)和《解讀〈資本論〉》(*Reading Capital*)兩書中所表述的馬克思主義的解釋提出了尖銳的批評。洛克(Grahame Lock)是《今日馬克思主義》雜誌的編委，他對阿圖塞的理論相當理解，他那篇介紹阿圖塞理論背景情況的文章，對討論的開展起了很好的促進作用。從阿圖塞的幾篇文章都是由他譯成英文這一點來看，他顯然是這次討論的實際組織者。除了阿圖塞本人的答辯以外，寫文章參加討論的有奧克萊(John Oakley)、康福斯(Maurice Cornforth)、格雷(Gordon Gray)、格蘭特(D. D. Grant)、里格利(John Wrigley)、雷(A. Ray)、韋頓(M. Whitten)和高爾斯蒂克(D. Goldstick)。其中康福斯是世界聞名的英國一流的馬克思主義理論家，高爾斯蒂克是加拿大共產黨的重要理論家。他們就劉易斯的批評和阿圖塞的理論觀點及答辯，發表了各自對馬克思主義的看法，對雙方的論點有贊同也有反對，或既有贊同又有反對。

在討論臨結束時，劉易斯寫了一篇總結性的文章，表明他依然堅持自己原來的觀點。阿圖塞可能也曾被要求寫一篇這樣的東西(從編輯部在劉易斯的總結性文章前加的按語中可以看出)，但是他卻沒有寫。原因何在？是否他對馬克思主義已有了比這一討論所涉及的問題更深一層的看法，而不願或不屑於寫這種東西呢？《今日馬克思主義》在一九七七年二月號轉載了他爲列庫特(Dominique Lecourt)的書《李森科：一門無產階級科學的眞實歷史》(*Lysenko: Histoire Réele d'une Science Prolétarienne*)寫的前言，即〈李森科：未完結的歷史〉(*Lysenko: Unfinished History*)一文，在一九七八年七月號又轉載了他的〈馬克思主義的危機〉(*The Crisis of Marxism*)一文。這兩篇文章都是由這次討論的實際組織者洛克譯成英文的，如果由此推斷，說這次討論的組織者正是把它們看成爲阿圖塞爲辯論所寫的總結性文章，這點也許不會有錯。阿圖塞在這兩篇文章中，特別是在後面一篇文章中，尖銳地指出，馬克思主義無論是在其實際運用上，還是就其理論本身而言，都還存在著不少問題(「困難、矛盾和空白」)，他把這種情況稱作「馬克思主義的危機」。最近十幾年來世界上廣泛談論「馬克思主義的危機」，正是從阿圖塞這篇文章開始的。有人指責，阿圖塞這種提法表明他已背叛馬克思主義。其實，這如果不是有意的歪曲，至少是無知的誤解。稍微細心一點的讀者都看得出來，阿圖塞是從積極的意義上提出這個問題的，他非常希望嚴謹的馬克思主義者能夠利用目前的形勢，設法推進馬克思主義的發展。

這次辯論的材料不僅有助於加深理解阿圖塞《自我批評論文集》(*Essays in Self-Criticism*)中所涉及的問題，對於全面理解阿圖塞的理論觀點、甚至馬克思主義理論目前所處的狀況，也都有一定的好處。

我早就注意到這次討論，由於大陸的圖書館在文革期間收藏的外文期刊資料不全，有些討論文章無法找到，我曾託出國的友人給我從國外複印回來未果。這次沈起予先生決定把這些材料編成一本書出版，作爲《自我批評論文集》的補充材料，我感到非常高興。他把這些材料收集在一起，整整齊齊地複印出來寄給了我，應該說，沈起予先生是這本書的眞正編輯者。

本書的中譯文，劉易斯的〈阿圖塞的問題〉(*The Althusser Case*)一文是許俊達先生譯的，杜章智先生進行了認眞的校閱。阿圖塞的〈答劉易斯〉(*Reply to John Lewis*)是我利用杜章智先生在正卷所載的譯文，按照雜誌的內文改譯的。這兩篇文章內文有不少差異，請讀者自己細細品味。其他各篇，都是由我自己翻譯的。奧克萊的文章中所引的奧登(W. H. Auden)的兩首詩，我曾請王以鑄和王柯平兩位先生參謀。杜章智先生爲我的全部譯稿進行了審閱。我敢肯定，稿子交到沈起予先生那裡之後，這位不知疲倦的主編一定還會按英文本對譯文進行審訂和潤色，對一切疏漏和不妥之處進行徹底的掃蕩。謹在此對他們一併表示感謝。

最後，我要特別感謝「遠流出版公司」的負責人王榮文先生和詹宏志先生對出版本書的支持。同時還要感謝執行編輯，沒有她們的幫忙，本書的版面和外觀絕不可能以這個樣子出現在讀者面前。

林泣明 謹識

一九九〇年十月於法相岩書院

編輯說明

本卷所收錄的有關阿圖塞(Louis Althusser)問題的論戰性文章，材料都是取自英共的機關刊物《今日馬克思主義》(*Marxism Today*)。不過，因爲原先該誌發表這些文章時，前後時間拖了很長，有些文章的引文或者文字該誌的編輯無法做到統一，常有前後不一致的情況發生。同時，有些作者在行文時態度不夠謹嚴，引述別的作者的文章常常出現跟原作者的行文有很大出入的地方，該誌的編輯對此也沒多加注意，不加任何說明就任其出現在那些作者的文章裡面。在以英文的方式出版這些作品時，即使編輯不做這些說明的工作，讀者也可以很容易把這些問題從文章裡看出來，自己評斷這是作者行文不嚴謹或是編者疏忽的問題。可是以中文版的方式出版時就不行了。因爲透過翻譯這一關，這些問題讀者很不容易看出來。要是照原文忠實地譯出來，不加任何的說明，肯定嚴謹的讀者會認爲我們翻譯的素質有問題，因爲前後同樣的段落居然有不一樣的譯法。不過如果說我們私下把這些段落改正過來，對於原文又不忠實。在要忠於原著的要求下，我們決定讓這些行文不嚴謹的作品以原有的樣貌出現，我們在引文註明出處的地方另外再補充說明，讓讀者明白這是原來作者的引述有問題，而不是我們的翻譯出了問題。

順便在這裡也對英文版編輯的問題說明一下。英文版在編輯時，文章的標題並不統一，有的只列數字，有的是列數字和文字。但是，這種情況也出現在同一篇文章中，因此在中文版上出現時，就好像是我們的校稿出了問題。絕對不是這樣。爲了忠於原書，我們在編輯時也只得照列。

還有，由於有部份參加論戰的作者行文並不是我們所想見的那麼嚴謹，同時有些引述的文章也不註明出處，在遍查可能是作者涉及到的書籍或文章，可是又找不到類似的段落來供我們斷定這部份是作者所引述的段落或是作者自己強調的部份之後，我們只能以行文時該段落有的意思讓它出現。或許這些段落在將來我們所出版的某一部書或者已經出版的某一部書中，會有可疑的意思相近的段落出現。而且在後來我們或者是讀者可以肯定像這類的段落原來就是這一段或者那一段時，也會有我們所出版的兩本書所譯的「同一個」段落有不同的譯法出現，而我們現在居然沒有爲讀者多做說明等等的這類問題。不過這也是沒有辦法的事情。在目前本書許多作者著述不注意嚴謹性的情況下，我們也只能這樣做了。不過反過來說，這種情況的出現不也正好可以讓我們從側面來瞭解，阿圖塞在論戰當時的情況下要應付這批作者是多麼地「艱難」嗎？

本書註釋引述資料出處的部份遇有可靠的中文譯本時，我們一律根據這些中文譯本註明出處，除非註釋中需要以原有的版本來說明問題。我們這樣做是基於兩方面的考慮。一方面是爲了方便讀者就近取材來理解問題，另一面，我們認爲有些作者引述資料的出處若不是年代過久根本無從查考，就是這些資料讀者實在不容易接觸到，把這樣的註文弄到中文版上，對讀者而言完全沒有意義。此外，註釋部份有些作者表述得不完全，不寫明出版時間和地點，我們在找不到可靠的原始出處這一情況下，是按照原貌讓這些註釋出現，以示原作的風格。

本書版本出處：

John Lewis, "The Althusser Case: Part 1. Marxist Humanism," in *Marxism Today,* Vol. 16, No. 1 (January 1972), pp. 23-28.

John Lewis, "The Althusser Case (Part 2)," in *Marxism Today,* Vol. 16, No. 2 (February 1972), pp. 43-48, 35.

Grahame Lock, "Louis Althusser: Philosophy and Leninism," in *Marxism Today,* Vol. 16, No. 6 (June 1972), pp. 180-187.

John Oakley, "Marxism and Ideology: II. Althusser and Ideology," in *Marxism Today,* Vol. 16, No. 9 (September 1972), pp. 276-281.

Louis Althusser, "Reply to John Lewis (Self Criticism)," in *Marxism Today,* Vol. 16, No. 10 (October 1972),pp. 310-318.

Louis Althusser, "Reply to John Lewis (Self Criticism)," in *Marxism Today,* Vol. 16, No. 11 (November 1972), pp. 343-349.

Maurice Cornforth, "Some Comments on Louis Althusser's Reply to John Lewis," in *Marxism Today,* Vol. 17, No. 5 (May 1973), pp. 139-147.

Gordon Gray, "Althusser Debate," in *Marxism Today,* Vol. 17, No. 7 (July 1973), pp. 220-221.

D. D. Grant, "The Althusser Debate," in *Marxism Today,* Vol. 17, No. 8 (August 1983), pp. 253-256.

John Wrigley, "The Althusser Debate," in *Marxism Today,* Vol. 17, No. 9

(September 1973), pp. 286-287.

A. Ray, "The Althusser Debate," in *Marxism Today,* Vol. 17, No. 9 (September 1973), pp. 287.

M. Whitten, "The Althusser Debate," in *Marxism Today,* Vol. 17, No. 11 (November 1973), pp. 348-351.

D. Goldstick, "On the Dialectics of the Lewis-Althusser Debate," in *Marxism Today,* Vol. 17, No. 12 (December 1973), pp. 381-384.

John Lewis, "On the Althusser Discussion," in *Marxism Today,* Vol. 18, No. 6 (June 1974), pp. 168-174.

Louis Althusser, "A Critical Viewpoint on Rectification of Errors ——Lysenko: Unfinished History," in *Marxism Today,* Vol. 21, No. 2 (February 1977), pp. 53-57.

Louis Althusser, "The Crisis of Marxism," in *Marxism Today,* Vol. 22, No. 7 (July 1978), pp. 215-220, 227.

1

阿圖塞的問題(第一部份)

——馬克思主義的人道主義

劉易斯

「必須推翻那些使人成爲受屈辱、被奴役、被遺棄和被蔑視的東西的一切關係。」*

——馬克思,〈黑格爾法哲學批判〉

戰後年代在法國出現了走向馬克思主義的大轉變。德國戰敗以後,一國接一國的反動政府垮台,並被迅速消滅。到處都是社會主義占優勢。在西歐也是社會主義思潮洶湧澎湃,湧現出大批馬克思主義著作。這在很大程度上是受到那些重新發現了馬克思思想的黑格爾(Georg W. F. Hegel)基礎的中歐馬克思主義者,特別是盧卡奇(Georg Lukács)和科西(Karl Korsch)的哲學理論的影響。最先曾在三十年代發表,但在戰時遭到忽視,到現在爲止都沒人知道的那些馬克思一八四四年的著作,現在被翻譯出來了,並且被爭相閱讀和研究著。

像沙特(Jean-Paul Sartre)的《存在主義的馬克思主義》(*Existential Marxism*)這樣的著作,由於強調**「獻身」**(commitment)是「眞正」人的實現而受到歡迎。穆尼哀(Emanuel Mounier)的「人格主義」代表著一種在**異化**概念中找到支持的人道主義之類的平行運動,這個**異化**概念曾被盧卡奇強調爲馬克思基本的黑格爾思想的組成部份。

兩種不同的傾向變得很明顯。一種傾向牢牢地堅守馬克思著作的整體,但在其中找到曾被忽略的人道主義,同時強調黑格爾對於眞正理解馬克思的重要性。而另一種傾向則把近來有人研究的青年馬克思的著作跟已有定論並爲人們所熟悉的老年馬克思的著作對立起來，用這樣的一種道德主義的人道主義和存在主義，即強調人的意志(唯意志論)和個人決定在革命變革中作爲有效力量有其重要性來解釋這些早期著作。他們把像《資本論》(*Capital*)這種現在得到普遍承認的馬克思的後期著作，看成是馬克思的思想陷入決定論和專心從事經濟學的反映。在他們看來，眞正的馬克思在一八四五年前後就完蛋了。

阿圖塞的《保衛馬克思》

跟在沙特的存在主義的馬克思主義中以及在人道主義的馬克思主義中早期馬克思日益增長的影響相對抗的，是一九六五年發表的阿圖塞的《保衛馬克思》(*Pour Marx*)這本著作。這本書包含一系列論文，一九六〇年開始發表。隨後是一九六九年他爲《資本論》寫的序言、一篇關於**解讀**《資本論》的論文和一篇發表在《思想》(*Pensée*)雜誌上的答記者問。這些文章激起了相當激烈的爭論：現在無論在法國還是在英國，他都有一批忠實的信徒。

阿圖塞以前是天主教徒，加入法國共產黨已有二十餘年。他現在是巴黎高等師範學院(Ecole Normale Supérieure)的哲學講師。

他的戰略是很大膽的。他提出了這樣一種對馬克思主義的解釋：它既針對存在主義的人道主義者，又針對所有那些雖然仍保持馬克思主義思想的主要傳統，然而卻受到青年馬克思黑格爾化的和人道主義的哲學深刻影響的馬克思主義者。阿圖塞的立場是：馬克思在一八四五年完全拋棄了所有他早期黑格爾化的和唯心主義的觀點，從那以後這些觀點在他的著作中完全沒有任何作用。這些黑格爾化的觀點包括「異化」、「否定的否定」和「揚棄」(奧伏赫變 *Aufhebung*)❶。

在阿圖塞現在徹底拋棄了的唯心主義概念當中，還有兩個其他的概念：一個是馬克思主義的歷史發展理論,阿圖塞把它稱之爲「黑格爾化的進化論」；另一個是馬克思主義的人道主義：「人」和「人道主義」的概念；阿圖塞說，這兩個概念是馬克思在一八四五年以後不曾再用來思考現實的術語❷。它們必須讓位於他所謂的「馬克思主義的反人道主義」。

這當然既推翻了存在主義的馬克思主義，又推翻了道德主義的社會主義理論：但是，難道我們不是爲此付出相當高的代價嗎？砍掉病人的腦袋並不是治療牙疼的最好方法。不僅修正主義被推翻了，而且整個馬克思本人遲至一八七三年仍然認爲是根本的黑格爾化的遺產，也被推翻掉了。事實上，我們至今爲止視爲馬克思主義的一切都不見了，所有剩下的只是對馬克思主義方法的一種靜態的和煩瑣的拙劣模仿。

「斷裂」

阿圖塞的論斷建立在這樣一個基本假設上，即在阿圖塞認爲代表馬克思的黑格爾主義最高頂點的《一八四四年經濟學哲學手稿》(*Economic-Philosophic Manuscripts of 1844*)❸之後，發生了一種與他先前的全部思想突然而崎嶇的「斷裂」(break)。根據他的看法，馬克思和恩格斯一八四五年寫的《德意志意識形態》(*The German Ideology*)標誌著拋棄這些早期觀點和確立他最終的「科學」立場。這就是

「斷裂」。阿圖塞在討論這本一八四四年的《手稿》時說道：

「離馬克思最遠的馬克思是這一個馬克思，就是瀕臨邊沿、正值前夜、站在入口處的馬克思——好像在斷裂之前爲了要取得斷裂，馬克思必須賦予哲學每一種機會，也就是說要給哲學最後的機會。」❹

他談到馬克思在《手稿》中「突然並完全回到黑格爾那裡去」，然後在《德意志意識形態》中對他徹底拒絕，在那裡我們可以看到：

「一種處於與它過去決裂狀態中的思想，即玩著一種無情的遊戲，向所有它一切以前的理論前提進行致命的批評。」❺

這裡說的完全是神話。這一「斷裂」有什麼證據呢？阿圖塞聲稱：馬克思在《〈政治經濟學批判〉序言》（*Preface to the Critique of Political Economy*）裡說，在《德意志意識形態》中「把我們從前的哲學信仰清算一下」時，他本人曾宣佈放棄他以前的觀點。馬克思接著說，在出版商因害怕作者的名聲而拒絕刊印他們的著作後，他和恩格斯便「情願讓原稿留給老鼠的牙齒去批判了」。直到一九三二年爲止，這部手稿確實被擱置起來，被人忘掉了，從未發表過❻。

但是這句關於「清算」的話就是「斷裂」的證據嗎？假如他正是在這裡把自己的整個立場翻轉過來了，爲什麼他從不發表它呢？但是，阿圖塞又進一步地把他的論據建立在我們是有可能發現馬克思先前一切相互矛盾的著作，以及得到闡明的成熟馬克思學說的這本書本身的內容上面。情況是這樣嗎？不，決非如此。馬克思非但沒有駁斥他在頭一年的《手稿》中發表的早期觀點，反而還**繼續**和**發展**這部手稿的論據，宣佈他跟這些觀點沒有歧異，也沒有拋棄它們。

首先來看看馬克思的黑格爾主義。確切地說這是什麼呢？首先是馬克思所認爲的在對人及其世界的理解中的一個持久和不可缺少的因素，即人在通過勞動創造他自己的世界時也創造自身的概念；其次是黑格爾的異化理論，即人的勞動由於某種原因造成有得和有失，造成被剝奪和喪失人性；第三是人終究會克服或**超越**異化，恢復並實現自身。這些全都是黑格爾化的概念，也全都是馬克思的概念。但是，馬克思利用它們所做的，是想表明必須把它們跟現實世界中人的物質生活聯繫起來來理解。這樣，我們就避免了黑格爾本人由於把整個過程看作理念的表現而造成的神秘化。但是馬克思從來沒有拋棄這三個原則。它們在一八四四年的手稿中得到闡明，在《德意志意識形態》中被加以擴充和發展，而在《資本論》中則獲得了體現並變得具體了。

當我們回過頭去看《手稿》的時候，我們也不會發現阿圖塞在那裡看到的其中「整個自然都是源於邏輯的抽象」的「黑格爾主義的最高頂點」、馬克思本人應該擺脫的「唯心主義」以及「完全回到黑格爾那裡去」。恰恰相反，我們會發現關於人通過自己的勞動創造世界的理論，這個理論是馬克思從黑格爾那裡接受過來並在自己以後的全部著作中都保持了的，但是他以唯物主義的方式來看待它，認爲它的意思就是「一切歷史都是人的自我創造」。

我們是在這部《手稿》中，而不是在《德意志意識形態》中；就是說，我們是在那篇看來阿圖塞從未讀過的、標題爲〈對黑格爾的辯證法和整個哲學的批判〉(*Critique of Hegelian Dialectic as a Whole*)的論文中的這裡，看到了馬克思對黑格爾的徹底批判。正是在**這篇**論文中，而不是在後來的著作中，馬克思進行了確實像他在《資本論》第二版序言中告訴我們的那種對黑格爾的「清算」。但是，正如他解釋的，「清算」黑格爾並不是拋棄他(決不比「清算」這個措詞在商務中所意味的更多)。馬克思告訴我們，他接受了什麼，拒絕了什麼。他**接受**了主觀的東西和客觀的東西在知識中的統一，但他**拒絕**了從理念中派生出物質世界和歷史。所有這一切都是在《手稿》本身中，而不是在《德意志意識形態》中。

馬克思和異化

也正是在這裡，馬克思提出了被阿圖塞描述爲純粹黑格爾化的概念的**異化**問題。的確，黑格爾把異化看成是一種由人們創造的客體反對人自身而引起的剝奪感、失落感，即一種純粹主觀的東西。馬克思在接受異化的**事實**的同時，明確地拒絕了這種解釋，並賦予它一種**經濟學的**解釋。然而他是否像阿圖塞說的那樣，這時如此徹底地拒絕了這個概念，以至於「在一八五七年的馬克思著作中沒有出現這個黑格爾範疇的任何痕迹」呢？

相反，它很快又重新出現在《德意志意識形態》中——馬克思在這部著作中被認爲是對它進行了「無情的、致命的批評」。相反，它在這裡扮演著在馬克思後來的一切著作中都繼續扮演著的這種重要的角色。

阿圖塞聲稱，馬克思在《手稿》中對異化的論述純粹是黑格爾式的，停留在純粹主觀的水平上，異化是純粹的精神在其發展過程中的眞正形式和存在。這眞是馬克思在《手稿》中關於異化的觀點嗎？讓我們翻到這本著作馬克思解釋對他來說異化**實際上**是意味著什麼的這第一頁上面。

「工資決定於資本家和工人之間的敵對的鬥爭。勝利必定屬於資本家。資本家沒有工人能比工人沒有資本家活得長久。」等等❼。

這第一篇論文是論**工資**的；第二篇論**資本**的利潤；第三篇論**地租**。然後就是**異化勞動**，那麼馬克思對它是怎麼說的呢？

「我們從國民經濟學本身出發，用它自己的話指出，工人降低爲商品，而且是最賤的商品。」

主觀唯心主義在哪裡呢？「純粹的抽象」又在哪裡呢？

顯然，這不是黑格爾的異化觀，而是馬克思的**經濟學**的解釋，他以不僅跟黑格爾**對立的方式**，而且也跟費爾巴哈(Ludwig Feuerbach)的異化思想**對立的方式**把它提出來。

當然，馬克思曾在很大程度上受惠於費爾巴哈，費爾巴哈表明了，決不是物質世界由於觀念而存在，而是觀念來自我們對物質世界的理解。正如他說的那樣：

「我並不是由思想產生出對象，而是由對象產生出思想；而且我認爲，只有在人腦以外存在著的東西才是對象。」❽

但是馬克思拒絕費爾巴哈對異化的宗教解釋，即人感到自己被剝奪、無價值和有罪，是因爲**人已經把自己現實的人性投射到神身上**。馬克思在一篇更早的論文中已經作了回答❾，他指出，相反，人被異化並不是因爲他們信仰宗教，而是因爲人們在悲慘的條件下勞動，他們才轉向宗教以尋求慰藉。

因此，阿圖塞又錯了。馬克思並不是處於費爾巴哈的這一黑格爾式的謬誤影響之下，他是在反駁費爾巴哈。

費爾巴哈的人的學說

但是，費爾巴哈那關於人和人的本質的這一抽象的學說又如何呢？

阿圖塞聲稱，在《手稿》中，馬克思犯了接受費爾巴哈的這個基本黑格爾式的謬誤，直到一八四五年他轉到唯物主義立場之後才得以擺脫這一謬誤。

情況並非如此。正是在《手稿》中，馬克思才反駁了費爾巴哈的這一概念，而且我們發現了「從抽象的天上下降到現實的地上的人類概念」。馬克思認爲，當人在地上費力謀生從而創造自身的時候，就在發展和實現他的個性。

那麼，當馬克思使用「族類的人」(Species man)這個術語時，指的是什麼意思呢？馬克思關於人的觀點是，人本質上是一種社會的存在物——「族類的人」。馬克思說，人的本質「並不是單個人所固有的抽象物」(這就是阿圖塞想到的馬克思對「人」的理解)。「在其現實性上，它是一切社會關係的總和。」然而這一點，阿圖塞卻說「沒有任何意義」❿。無論如何，任何一個比較心理學家都會說明，人不像某些單獨生活的食肉動物，他本質上是一種社會的動物，是在社會中通過接受他的義務、獲得他的社會利益、遵從他人對那些義務的接受去創造、促進和維持人的伙伴關係，才成其爲人的。在資本主義社會中，人仍然是「社會關係的總和」，但是合作關係與競爭關係相衝突，並在一定程度上被抵消了。人只有在爲共同福利對生產共同占有並進行社會監督的社會關係類型中才成其爲人⓫。這就是馬克思所說的這句話的意思：「從抽象的天上下降到現實的地上的人類概念，如果不是社會的概念，那是什麼呢?」⓬

阿圖塞竟然對《德意志意識形態》這本著作中的異化概念視而不見，令人吃驚，因爲它在這裡是馬克思全部論據的一個基本部份⓭。馬克思使用了兩個詞語表達這一概念：當他想要強調人被他自己所創造的敵對力量反對的事實時, 他使用的詞語是 *Entfremdung*; 當要強調這種力量的「外化」或「對象化」時(例如在資本主義「市場」中), 則使用 *Entausserung*。

翻到阿圖塞說理念被完全摒棄的《德意志意識形態》, 我們讀到: 在階級社會中, 「人本身的活動對人說來就成爲一種異己的、與他對立的力量, 這種力量驅使著人, 而不是人駕馭著這種力量。」馬克思繼續談到「社會活動的這種固定化, 我們本身的產物聚合爲一種統治我們的、不受我們控制的、與我們願望背道而馳的並抹煞我們的打算的物質力量……。」「這種**異化**」, 馬克思接着說, 已成爲「一種不堪忍受的力量, 即成爲革命所要反對的力量」, 因爲它依賴於把人類的大多數變成完全沒有財產的人⓮。我們記得, 《手稿》的頭四篇論文正是專門對異化進行這種解釋, 而在這裡, 這種解釋又出現在《德意志意識形態》中。

在這一術語再次出現的《資本論》中, 馬克思從一開始就賦予異化的這一經濟形式, 在人的勞動力作爲事實上跟人本身不可分離, 在市場上買賣的「商品」這一理論中, 得到進一步的闡揚。但這並不是拋棄異化概念, 因爲馬克思在《手稿》中從一開始就是這樣解釋它的。如果我們翻到馬克思最初討論異化的那些段落, 就會看得很清楚。

「在購買人們的勞動時, 我們購買到的是帶有其勞動的人, 他變成爲我們的目的服務的純粹工具或器械——一件商品, 一個東西。人成爲工資勞動者之後, 發現他的眞正的人格甚至對他自己來說也不再存在。」⓯

在寫於一八五七年(阿圖塞認爲這個日期預示了完全擺脫黑格爾主義的那個「成熟」的馬克思來臨了)重要的《大綱》(*Grundrisse*)或者《政治經濟學批判大綱》(*Outlines of a Critique of Political Econ-*

omy)中，馬克思仍然使用著這個可恨的術語。

在這本著作中，馬克思有三百餘次明確地用原來的術語「異化」說到異化，並且常常是在較長而重要的段落中這樣做。人從異化中獲得解放和實現他的個性，是通篇《資本論》中一個經常出現的論點。確實，我們很有理由把異化說成是馬克思從一八四二年那些論著最初的開端直至他去世的那一天爲止這一生著作的基本主題。

列寧也完全接受馬克思在一八四四年的《手稿》中所表述的那種異化理論。當然，列寧沒有看過手稿(它們尚未出版)，但是馬克思把論述異化重要的幾頁寫進了《神聖家族》(*Holy Family*)，列寧在那裡一發現它便表示完全贊同⑯。

阿圖塞的「理論的反人道主義」

阿圖塞的知識觀點在馬克思主義的人道主義問題上，比在別的任何問題上更顯得貧乏。不可否認，馬克思本人在他的早期著作中經常地、明確地肯定自己的人道主義信仰，而且以人道主義的方式分析資本主義的冷酷無情和慘無人道，沒有比在《資本論》本身中所做的還更熱心的了。這一點列寧看出了。他決不贊同那種認爲《資本論》中的人道主義有異於馬克思主義、應予以驅逐的觀點。

「很少有科學論文，你會在其中發現如此豐富的感情，如此衆多的熱烈而激昂的論戰性迸發。它把資本主義社會描寫成一個活生生的東西，刻畫出它的對抗性階級在生產關係中的實際社會表現。」⑰

當然，我們完全知道可能有能夠自稱爲人道主義的那種猛然發生、多愁善感的提高社會的行動，但它的存在似乎不能成爲使社會主義消除人的基本關懷的理由。如果從馬克思主義中去掉它對人、人的利益、實現人的願望和人的個性的關懷，那會否定馬克思及其後的列寧所主張的一切。人道主義和信任人，對於馬克思說來從來都不是「抽象的」人的理論，雖然那是阿圖塞的全部寓意。正是馬克思本人在其早期著作中，即在那些被阿圖塞說成是唯心主義的、是把人當成抽象物對待的著作中，批判了費爾巴哈的這個謬誤。然而，馬克思這樣做，並不是爲了拒絕人道主義，而是爲了使之成爲具體的、歷史的，並與發展中的人的科技進步聯繫起來。

無論翻開馬克思的哪部著作都會立即看到人的問題。我們發現，他在一八四三年宣佈:「……人是人的最高本質這樣一個學說,從而也歸結爲這樣一條絕對命令：必須推翻那些使人成爲受屈辱、被奴役、被遺棄和被蔑視的東西的一切關係。」⑱阿圖塞把這看作是「抽象的、幻想的、空想的和唯心主義的」。他譴責它是:

「仰賴這樣的倫理學,這種倫理學是這麼深刻地被刻劃在只有在以印象方式研究現實問題中才起作用的每一種人的意識形態上面。」⑲

他說，我們必須學會在這些問題上使用我們的沒有價值判斷的、排除道德考慮和人道主義觀念的科學概念。

馬克思是從價值的立場看待整個過程的。他在資本主義僱傭制度和作爲商品的勞動力買賣裡頭追究他所譴責的非人道現象。

阿圖塞從來沒有注意到，《手稿》中篇幅最長的文章之一是恩格斯的《政治經濟學批判大綱》，占了三十四頁。這是馬克思第一次介紹資本主義的政治經濟學和它的市場制度所包含的危機。恩格斯表明:

「……私有制最終使人變成了商品,使人的生產和消滅也僅僅取決於需求。競爭制度因此屠殺了，並且每日屠殺著千百萬人。這一切我們都看到了，這一切都促使我們要用消滅私有制、消滅競爭和利益對立的辦法來結束這種人類墮落的現象。」⑳

當然，無論馬克思還是恩格斯在對於資本主義的分析上還有一段很長的路要走；但這卻是一個出手不凡的開端。難道所有這一切全是「抽象的」、「哲學的」、「幻想的」嗎？

「眞正的人」的人

馬克思緊接著在《神聖家族》中提出了重要的論斷，表示「必須這樣安排經驗的世界，使人在其中終於能夠體會到自己是眞正的人。」㉑整卷《德意志意識形態》都是在關心這個問題，因爲在資本主義條件下產生的人的條件的異化是由於：

「同這些生產力相對立的大多數個人，這些生產力是和他們分離的，因此這些個人喪失了一切現實的生活內容，成了抽象的個人。」㉒

不是馬克思把人看作一種抽象物，而是資本主義！而這就是阿圖塞的經驗主義！使關於人的經濟和社會條件的說明擺脫「價值觀念」、「倫理考慮」和「人道主義」，那是不科學的。這是抽象主義的最壞形式。

異化是通過對這些力量的社會占有而克服的。

正是在《資本論》中，馬克思的人道主義才達到它充分的實現，正是在《資本論》中，這種對異化的經濟性質的理解現在才擴展成爲那些論述工廠制度的義憤塡膺的生動章節，使這部著作不止是成爲對社會經濟結構的分析性闡述。共同體對生產資料最終的占有，達到了「人的實現」。那麼一來，「作爲目的本身的人類能力的發展」，「作爲族類的人」、即「人類的完全發展」，「人發展自身的必然性」的實現就「開始了」

[23]。

這對於阿圖塞來說是極其討厭的。他斷然聲稱，馬克思在一八四五年改變立場之後，也就是拒絕了《手稿》中的黑格爾主義之後，他再也沒有採用人或人道主義的概念[24]。

「要得到世界本身及其變革的實證知識，要認識關於人的任何實證知識，絕對的前提條件是把人的哲學神話化爲灰燼！」[25]

這一對人道主義的否定，在阿圖塞看來同時就是排除**人**作爲歷史發展的動因、排除在無產階級中產生歷史意識的必然性，而這對於馬克思來說卻是社會主義不可缺少的必要前提。

阿圖塞斷言，「整個馬克思主義的傳統一直拒絕說是『人』創造歷史。」[26]

對此馬克思回答道：

「正是人，現實的、活生生的人，創造着歷史；歷史並不是把人當作達到自己目的的工具來利用的某種特殊的人格。歷史不過是追求著自己目的的人的活動而已。」[27]

馬克思以同樣的論據駁斥了阿圖塞的「理論的反人道主義」，因爲他宣佈「整個所謂世界歷史不外是人通過人的勞動而誕生的過程」，「當人通過這種活動作用於他身外的自然並改變自然時，也就同時改變着人自身的自然，並使人自身中沉睡著的潛力發揮出來。」[28]因此，人創造世界同時是人創造和再創造他自身，是人獲得他本身作爲人的全面發展[29]。

＊馬克思，〈黑格爾法哲學批判〉，《馬克思、恩格斯全集》，第一卷，（北京：人民出版社，一九五六年），頁四六一。

❶這個重要的黑格爾概念，展現一個歷史和經濟的階段被下一個歷史和經濟的階段所「克服」或「揚棄」，然而這下一個歷史和經濟的階段以改變了的形式把前一個階段已達到的東西推向一個新的水平。這個基本概念的含義就是「凌駕」或「超越」資本主義，「凌駕」或「超越」其基本結構、經濟規律及其意識形態。這一概念的德語詞語即奧伏赫變(*Aufhebung*)。

❷ Louis Althusser, *For Marx* (London: New Left Books, 1977), p. 244.

❸首次出版於一九三二年。英譯本首次發表於一九五一年。

❹ Louis Althusser, *op. cit.,* p. 159.

❺ *Ibid,* p. 36.

❻該書第一部份的英譯本發表於一九五八年，第一個英文全譯本在一九六四年問世。

❼馬克思，〈一八四四年經濟學哲學手稿〉，《馬克思恩格斯全集》，第四十二卷，（北京：人民出版社，一九七九年），頁四九。

❽ Ludwig Feuerbach, *The Essence of Christianity*(《基督教的本質》)。版本出處不明。——中文版譯者。

❾即《黑格爾法哲學批判導言》。

❿ Louis Althusser, *op. cit.,* p. 243.

⓫即《一八四四年經濟學哲學手稿》。

⓬馬克思，〈馬克思致路德維希·費爾巴哈〉，《馬克思恩格斯全集》，第二十七卷，（北京：人民出版社，一九七二年），頁四五○。

⓭一九三八年 Passal 的英譯本在頁二一、二三、二四、二七和二八上都提到 alienation 和 estrangement。這是貫穿整個第一部份的主題。

⓮馬克思和恩格斯，〈德意志意識形態〉，《馬克思恩格斯全集》，第三卷，(北京：人民出版社，一九六〇年)，頁三七、三九。

⓯馬克思，〈一八四四年經濟學哲學手稿〉。引文出處有誤。——中文版譯者。

⓰列寧，〈哲學筆記〉，《列寧全集》，第五十五卷，(北京：人民出版社，一九九〇年)。

⓱Lenin, *"Karl Marx," Collected Works,* Vol. 18 (1930).引文出處有誤。——中文版譯者。

⓲馬克思，〈黑格爾法哲學批判〉，《馬克思恩格斯全集》，第一卷，(北京：人民出版社，一九五六年)，頁四六一。

⓳Louis Althusser, *op. cit.,* p. 242, 247.作者更動引文中的關鍵動詞，使引文跟原著的意思有很大的出入；引文的出處頁二四二並無該段落。——中文版譯者。

⓴恩格斯，〈政治經濟學批判大綱〉，《馬克思恩格斯全集》，第一卷，(北京：人民出版社，一九五六年)，頁六二一。

㉑馬克思和恩格斯，〈神聖家族〉，《馬克思恩格斯全集》，第二卷，(北京：人民出版社，一九五六年)，頁一六六～一六七。引文跟原著有出入。——中文版譯者。

㉒馬克思和恩格斯，〈德意志意識形態〉，頁七五。阿圖塞要我們相信，隨著最終放棄作爲《德意志意識形態》本質內容的黑格爾思想，馬克思已經跟異化一刀兩斷了。恰恰相反，異化正是這本書以及《**大綱**》和《資本論》的不變主題。

㉓馬克思，〈資本論〉，第一卷，《馬克思恩格斯全集》，第二十三卷，(北京：人民出版社，一九七二年)，頁五三〇、五三七、六四九；馬克思，〈資本論〉，第三卷，《馬克思恩格斯全集》，第二十五卷，(北京：人民出版社，一九七四年)，頁九二六～九二七。

㉔Louis Althusser, *op. cit.,* p. 244.

㉕*Ibid.,* p. 299.引文的出處頁碼應爲二二九；引文跟原著有很大的出入。——中

文版譯者。

㉖阿圖塞答記者問，載《思想》(*La Pensée*)，一九六八年四月號。請見阿圖塞，《列寧和哲學》，(台北：遠流出版公司，一九九〇年)，頁二八～二九。

㉗馬克思和恩格斯，〈神聖家族〉，頁一一八～一一九。

㉘《資本論》第一卷和《手稿》。

㉙在阿圖塞看來，社會變革是自發的自然界預先決定的經濟發展的結果。如果說人也起點作用的話，那只是因為他們的行動歸根到底是由經濟因素決定的。

2
阿圖塞的問題(第二部份)

劉易斯

「不鑽研和不理解黑格爾，因此，半個世紀以來，沒有一個馬克思主義者是理解馬克思的。」❶ ——列寧，《哲學筆記》

有兩種哲學傾向在馬克思那裡滙合在一起，並且都被他改造了。第一種傾向是英國(培根 Francis Bacon、霍布斯 Thomas Hobbes、洛克 John Locke)和法國(笛卡兒 Réné Descartes、伽桑狄 Pierre Gassendi)的唯物主義傳統；第二種傾向是康德(Immanuel Kant)、費希特(Johann G. Fichte)和黑格爾的德國古典哲學。

唯物主義的重要性在於它否定在自然界之外有任何事物，不管是向某種目的運動的超自然的動因、趨勢，還是像柏格森(Henri Bergson)、蕭伯納(George B. Shaw)和活力論者所說的「活力」(vital forces)那樣的實體。唯物主義還適切地強調環境在創造人裡頭的重要性，但卻永遠解釋不清楚，假如那樣的話，環境怎麼能被那些本身在精神和性格上是由環境造成的人們所改造！

馬克思是唯物主義者，但他在兩個方面不贊成他那個時代的唯物主義。他不接受這樣一種流行的觀點，即人的精神是一塊白板，物質世界在其上留下自己印記。相反，人**認識**他所**做**的，並且通過是其生活的認識和活動來改變他的環境。因此，人的客觀生活和主觀生活是統一在一起的——人並不是站在他的世界的對面，設法去弄清世界是什麼。人**創造**世界——儘管世界的物質第一性是毫無疑義的。馬克思因而聲稱：在這些方面，他拒絕「以前的一切唯物主義」❷。

但是，馬克思是唯物主義者決不意味著他是否定德國古典哲學的傳統及其在黑格爾哲學中所達到的頂點。相反，恩格斯說，工人階級運動是德國古典哲學傳統的眞正繼承者❸。但是，正像在唯物主義的問題上那樣，馬克思的**批判**是一種既保存又拒絕的評價。馬克思從黑格爾那裡接受黑格爾的信念，即現實並非像經驗反映看來的那樣，而且拒絕一切形式的經驗主義。在每一個知識的事實中，人與他的物質世界都存在著不可分割的相互作用。精神和行動是創造性的。馬克思進一步同黑格爾一起把任何一種阻礙人的潛能展開的現實看作是「純粹經驗的」和必須加以「克服」的東西。世界是要被改造的；但不是通過求助於永恒原則或理念（唯一的現實）的展開，而是通過世界本身物質的和人的可能性的不斷展開。然而，若說最終的現實是精神或理性，物質世界是它的衍生物，馬克思則完全拒絕。他在談到他接受人創造其世界的觀念時說，「當然，在這種情況下，外部自然界的優先地位仍然會保持著。」❹歷史無論對於馬克思還是對於黑格爾來說，都是人的自我創造的歷史，而**不是**消極地反映在精神中的種種事件的記錄。

黑格爾的貢獻

在理性勝過粗野的存在時，黑格爾的唯心主義和早期的唯物主義傳統幸運地結合在一起，而向馬克思主義的過渡在一切方面都代表著十九世紀思想延續中的一種徹底的斷裂。

馬克思把強調「知識能動面」視爲黑格爾對知識論的重要貢獻。他們倆人都把知識看成是在操作、利用和變革社會中取得的，而不是通過反思取得的——這跟那種把人的自我創造看作首要因素是人自己的勞動過程的這一普遍想法有關聯。這就是《德意志意識形態》第一部份的基本論點，這部作品絕沒有消除黑格爾的基本概念，它倒是以唯物主義形式把它們整合進馬克思主義的本質中。

這實際上就是馬克思在《資本論》序言中說他從黑格爾那裡剝取的「內核」；或者換另外一種說法的比喻來說，便是「把黑格爾扳正過來」。

這到底是什麼意思呢？它有時被相當簡單地解釋爲只是主張物質先於精神，或者思想是作爲物質客體的意識產生的。有人甚至認爲，當概念的自我展開體現在自然和歷史之中時，就是把黑格爾「扳正過來」了。但那的確會是返回到黑格爾唯心主義的純粹形而上學。馬克思這樣說的意思是：在創造性思維與環境的相互作用中理解人和社會的發展，把理論說成本質上是人們通過勞動、發明和組織，而在物質世界中求得生存的現實過程。這一思想在《德意志意識形態》中得到了發展，決不像阿圖塞所說的那樣，馬克思的思想在這本著作中「處於一種與過去決裂的狀態」，「它一切原來的理論前提」都被拋棄了。相反的，正是在這裡，馬克思把黑格爾扳正過來得到了確立和充分的闡釋。

阿圖塞對黑格爾有一種很成問題的理解，在黑格爾的哲學中只看到「思維和存在的等同」❺，以及關於「通過其否定性在自身中發展的一種簡單有機統一體」的這一假定❻。

然而，對馬克思來說，主觀的東西和客觀的東西的統一是以我們認識的方式、以跟認識有關的條件和活動來修飾和浸透我們所認識的東西，目的是要行動；「簡單的原先的統一體」是在只有一個世界的這種理解中取得的,而這個世界包容不斷互動的思維的人與其物質環境。

馬克思看到,在社會向理性目標接近時,全是那個時代唯物主義補助品的宗教的、烏托邦的、安撫人心的哲學的意識形態會逐漸消亡。但是馬克思說,直到你剷除了那些使幻想成爲必要的惡行爲止,你才能剷除宗教的幻想或任何其他幻想。烏托邦的希望扮演著與宗教相同的角色,而且僅僅向我們**擔保**「現實」比看起來要好得多的各種哲學,也扮演著同樣的角色!所有這些意識形態都是有用的、必需的幻想;但是當我們懂得怎樣去改變世界,而不是解釋世界、不是在幻想中自我欺騙的時候,這些意識形態就會消失。

人及其世界:《大綱》❼

承認社會發展的辯證過程,對馬克思說來意味著:通過人們的活動改變環境,並使我們的經濟和我們的觀念適應於**我們這樣創造出來的**環境;那種新的經濟影響**進一步**改變環境,又導致經濟、上層建築和人的本性中的**進一步**變化。這一切都是馬克思全部的成熟著作中的黑格爾化的論點。在馬克思論述他**整個的**學說(《資本論》僅僅是其最初的未完成的片斷)的唯一透徹的論著,即一八五七年長達一千頁的《大綱》中,這個論點闡發得最完全。《大綱》是馬克思所寫過的最主要的著作,正如他說的,是「我一生的黃金時代的十五年的研究成果。」

馬克思完全成熟時期的著作《大綱》,在上述意義上完完全全是黑格爾化的。

阿圖塞根本不提《大綱》。他確實不能提。因爲《大綱》雖然作爲馬克思的成熟作品出現,卻對整整一系列被阿圖塞作爲無價值的東西從馬克思主義中清理出去的概念作了充分的闡述。

《大綱》包含有對馬克思思想各個不同部份的綜合，以概要說明全部四卷《資本論》的實質開頭。它完全可以被稱作對眞正馬克思主義的闡述，並且標誌著馬克思思想發展的關鍵階段。不考慮到《大綱》的任何關於馬克思主義的討論，都是從一開頭就注定失敗的。

由於《大綱》的確是在一八五七年寫出的，阿圖塞按照他自己的批判態度把它包括在馬克思的成熟著作之中，但是由於它包括整整一系列阿圖塞說馬克思在一八四五年已經永遠拋棄了的、而且在成熟馬克思的著作中不扮演任何角色的黑格爾化的概念(異化、超越、否定等)，阿圖塞乾脆不理會它，在進行他對馬克思主義的闡述時，就像它根本不存在似的！

《資本論》與馬克思的歷史理論

要是阿圖塞把馬克思的這麼多著作當成無價值的東西拒絕了，那麼還剩下什麼呢？他選擇《資本論》第一卷，確實會讓一向按照馬克思對資本主義矛盾的分析來思考馬克思主義的這批比較傳統類型的馬克思主義者高興。

阿圖塞確實挑選《資本論》作爲重要的馬克思主義的源泉，但只是在剔除了其中的黑格爾的附加和扭曲之後。他對待這本書的態度是奇怪的：他對我們在《資本論》中看到的東西沒有黑格爾的缺陷絲毫不感到滿意。論述「商品」的幾乎整個第一部份令他不滿意，因爲它是按黑格爾的方式，建立在「商品」的**歷史**起源之上；而且，馬克思的價值理論是完全錯誤的。

阿圖塞顯然不知道，他一向看作是純眞的馬克思主義眞理寶庫的列寧，在這個地方完全支持馬克思❽。難道列寧也把黑格爾主義與馬克思主義搞混了嗎？難道我們必須把他跟這個論述「商品」的出色的第一章一併拒絕嗎？

很遺憾，可憐的馬克思「陷進了一個黑格爾化的學術概念中」，而且把「價値」和「商品」這些概念弄得一團糟。但是，更糟糕的是，在他關於貨幣和商品「拜物教」的理論中，他又完全栽進去了。「貨幣」的這種「物化」，或轉化爲一種強有力的、能控制人的實體或力量，以及資本主義的規律，在阿圖塞看來是一種純粹的黑格爾式的錯誤。他說：

「目前正時髦的整個關於『物化』的理論，是仰賴把在馬克思早期著作(特別是《一八四四年經濟學哲學手稿》)中發現的異化理論生動的突顯在《資本論》中的『拜物教』理論上面。」❾

另一方面，馬克思則把這種物化看成是資本主義制度的眞正本質，這個制度使人們陷入資本主義法則不可抗拒的作用中，直到他們認識爲止，人們才能夠看出整個資本主義的法律制度、貨幣和商品的拜物教是一種幻象。這個制度僅僅屬於一個正在過去的時代，它不是永恒的或絕對的。如果**我們開始理解**的話，在適當的時候我們就能夠而且必須**跨過、取代、超越**❿資本主義經濟，並確立社會主義經濟。在社會主義經濟中，物品的生產和分配是根據理性和人的需要，再不是在異化和商品市場的有害法則之下進行的。但是在阿圖塞看來，所有這一切都是純粹的黑格爾主義，他什麼也不贊成。

馬克思與歷史唯物主義

誰若讀過阿圖塞爲《資本論》第一卷法文平裝版寫的序⓫，他必定或多或少會對他把馬克思的歷史發展學說作爲「黑格爾化的進化論」加以拋棄而感到驚訝。他選擇來作爲批評的提法，不是在《資本論》本身中明確提出的(儘管這是馬克思整個思想的具體範例)，而是在《政治經濟學批判》序言(一八五九年)中對歷史唯物主義的經典概述中提出的。衆所周知的一個主要段落是用這些話起頭的：

「人們在自己生活的社會生產中發生一定的、必然的、不以他們的意志爲轉移的關係。」

馬克思接著闡明了這一歷史發展的辯證概念，表明擴大了的生產**力**(技術)會與束縛、限制有效潛力的生產**關係**(僱傭制度、資本主義)發生矛盾。那麼隨之而來的是使經濟結構適應這些潛力水平的社會重建。

這是技術和操作技術的人們爲一方，經濟制度爲另一方之間交互作用的辯證。馬克思接著繼續指出，正是在**思想**的鬥爭中，人才走向這一變革，因爲它決不是一種自動的經濟過程。馬克思說，這是在意識形態的形式中以鬥爭方式解決的。

阿圖塞把這一整段文字說成是浸透了黑格爾的進化論，是「在馬克思主義工人運動史上已經造成了危害」的一個危險的思想根源。他繼續說：

「列寧**一分鐘也沒有**受這些充滿黑格爾主義和進化論思想的篇章影響。」⓬

阿圖塞說，假如列寧受了這種影響，那他在與第二國際的戰鬥中，就會受到妨礙，他也就不能在俄國贏得政權並開始進行社會主義的建設⓭。

現在令人驚異的是，列寧不僅熱烈的贊同這些篇章，而且還在他關於馬克思的文章中大段地摘引它們，把它們描述爲——

「對推廣運用於人類社會及其歷史的唯物主義的基本原理，作了完整的表述。」⓮

在另一個地方，列寧還把它們稱之爲「依據黑格爾哲學而作的表述」⓯。

在這種批評中表現出來的是阿圖塞反對這樣一種進化的變化概念，在其中，動因「歸根到底」不是經濟因素，而是人的理智和意志，是通過人們的能力推動歷史去超越他們社會的規律並重建其結構。他將此描述(而且是錯誤地描述)爲「在自身中發展的……原先的統一體」。

但是，馬克思從來沒有從即將來臨的理念發展的意義上來考察社會的進化，也不認爲社會進化是在自然界和歷史內部、沒有人的意識和意志參與的邏輯的展開。阿圖塞似乎認爲，社會變革「歸根到底」是由資本主義矛盾以一種幾乎自動的、當然是決定論的方式發展的結果。而在馬克思看來，資本主義並不是自動地崩潰並轉化爲社會主義的。人們必須找出什麼東西出了問題，內部的矛盾如何產生的，爲什麼除非人們開始工作並改變社會類型，最後才能克服這些矛盾。又是人重新創造社會。

阿圖塞不相信以無產階級政治意識的發展爲基礎演變的變化；他用建構一個以對經濟事實的科學觀察爲基礎的理論結構這種實證主義，來代替這個基本上是黑格爾式的研究方法，他承認這一「退卻」離「實證主義只有一步之差」⓰。

這樣就把馬克思主義包括進這樣一種科學之中，這種科學理解資料及其有規則的關聯，因此得出了一般的規律。然而，甚至我們今天所理解的物理科學也並非如此；關於社會發展的科學就更加完全不是這樣了。

阿圖塞的實證主義最後是創造一個新的理論抽象體系，即剔除了人道主義意識、他在〈序言〉中所描述的運動規律，以及進化的歷史主義的一個體系，也就是應該成爲實踐指南的概念體系。阿圖塞認爲，馬克思從來沒有創造過這個體系；然而，它是暗含在《資本論》的結構中，我們的任務就是要把它抽取出來並建成一個體系。

有沒有馬克思主義的體系呢?

重要的是我們應該立刻將這一點與馬克思本人的方法加以比較。他並沒有給我們提供任何體系。要是他認爲體系必要的話，他肯定會建立起來的。他所惦記著的是意識、理解、可能性的發展，即實際社會形勢中的問題、機會和必要性。馬克思把這叫做**實踐**(*praxis*)，因爲它總是具體的，我們總是捲入其中並且行動，因此，當我們行動時我們思考著，思考時我們行動著。在具體形勢的外部並不存有固定的理論結構，有的只是在我們行動時改變的一種形勢，因爲我們行動著；因而經常不斷地需要重新檢驗，需要**新的**理解和**新的**反應。這是關於可行的假設的哲學。

馬克思也把他全部的強調重點放在取得人們第一次能夠審愼並有意識地創造自己歷史這一較高意識水平的工人階級(或能夠提供工人階級群衆知識並帶領他們前進的領導部門)身上。這是對「超越」目前格局及其規律的不斷重複。它在每一步上都要求人們作出選擇，預先估計未完成的目的；這些目的是不能從現有的結構和規律中演繹出來的。阿圖塞把這些當作是「主觀的」和「自發的」東西，當作是意識形態的東西而加以否定。

阿圖塞以體系取代實踐，使歷史的創造者消失並取得為精英份子保留的「一種知識」，而這種精英份子則因為這兩方面之間的「斷裂」：一方面是參與以及有意識地探索前進道路，另一方面則是有組織地抽象的孤立體系的水平，而跟群衆完全脫離。這是一種結構主義和它的科學規律，是不以人的自由選擇為轉移的。

結果是一種複雜的、爭辯永無休止的煩瑣哲學。在這種哲學中，必然存在各式各樣對抗的和表面上同樣似乎有理的概念結構；而且只是通過筋疲力盡的、沒有結論的爭論，不可能決定哪一種結構是正確的。阿圖塞的信徒們似乎很久很久以前就消失在不著邊際的、永遠沒完沒了的抽象討論中。他們的精神努力也許在精神上還能夠讓人滿足，但他們跟當今的事情以及理解參與其中的群衆卻毫無關係。

什麼是科學的社會主義？

阿圖塞反對馬克思進化論的歷史主義，他也同樣反對恩格斯以他的社會運動規律、他自己的「科學」社會理論觀點為基礎的辯證發展。阿圖塞解釋說，這個體系馬克思從來沒有系統的闡述過或提起過。我們必須把它從《資本論》、從「以一種從未被抽取的形式」存在著的地方引出來。實際上，這個體系必須從不是馬克思的任何實際論斷或系統闡述中，而是馬克思**並未說**過（但卻暗含著）的東西中建立起來。我們的注意力必須「集中在不在場的東西」上，因為就馬克思而論，在「有關」

《資本論》「理論實踐內部的抽象方面有沉默不語的地方」。所以我們必須探尋「跟沒有被問到的問題相符的答案」。⑰

因此，拒絕馬克思的哲學方法、把科學的客觀性接受下來當作是自己的方法的阿圖塞，分析並描述了先於資本主義存在的結構及其經濟變革⑱。作爲能動的主體的人不見了，我們又回到了馬克思主義以前的唯物主義形式和關於世界的相應的理論模式或概念的再生產。我們讓自己立足在概念中，掌握著它最初不變的和圓滿的、能夠從中推演出所有一切進一步的眞理和行動的原則。

這變成了波柏(Karl Popper)極嚴厲批評的那種預言性的決定論,相當於一種按照建立在經濟矛盾基礎上的不變規律來展開的歷史。這非常接近本身只是形而上學唯心主義的顚倒形式的形而上學唯物主義；從概念方面來思考的相互作用的力量，是以一種內在展開的邏輯必然性起作用的。但是，整個歷史以及它令人驚奇的變革通過現有材料的推斷是可以預測的這一概念，確實就完全站不住脚了⑲。

從社會結構的任何這種提法中所能推論出的一切就是，結構制約著人。而這意味著，作爲階級社會上層建築的一部份制約著人的統治思想，代表和維持著那個階級結構以及占主導地位的階級的利益。馬克思本人拒絕這種觀點，認爲它是唯物主義的實證主義不可避免的結論。

「有一種唯物主義學說,認爲人是環境……的產物……忘記了：環境正是由人來改變的……。環境的改變和人的活動的一致，只能被看作是並合理地理解爲革命的實踐。」⑳

關鍵不在於描述世界，承認其規律體系，而在於改變世界。

馬克思主義的歷史觀並不把歷史描述成無情規律運作的自動結

果，而是奠定了這樣一種指導性的理論，它表明，當資本主義社會中的人們陷入某種矛盾時，克服矛盾的辦法是使經濟模式即其生產關係、它們的體制和思想，適應於已經發展了的生產形式。這是馬克思主義的可行的假設，它的成功運用有賴於我們，有賴於我們充分考慮各種可變的條件，有賴於我們對形勢的理解，有賴於一種非常廣泛的理解，而不僅僅是關於精英份子的知識。正如康福斯所說：

「它不是、也不能是嚴格決定論意義上的『統治過程的規律』，按照這種決定論，存在著命中注定的規律，除了那些的確發生的事情之外，什麼也不許發生。」㉑

這將是沒有人的歷史，人被貶低為只不過是承擔社會關係模式的媒介，而不是它的創造者。它處理結構，不提人的選擇或者超越任何歷史上已達到和已確立的結構模式，也不思考一個嶄新的模式所必要的有創造力的識見。正是取決於預示過程的這種**斷裂**，才跟由現有的概念結構，由包含冒險、相應的選擇和現實的歷史主動性在內的這一創造歷史的冒險行動所預先決定的斷裂完全不同。馬克思主義的本質就在於，表明人怎樣**超越**現有的結構和那種結構的邏輯。他超越了不看成是絕對的或永恒的，而是受歷史制約的當時的規律。我們記得，阿圖塞（剔除異化之後）無情地從馬克思主義中去掉的另一個黑格爾化的概念，就是超越、凌駕、揚棄（奧伏赫變 *Aufhebung*）。但是難道人類歷史不是確實通過這點才創造出來的嗎?

能夠賴以堅守結構的嚴密性和嚴格的科學客觀性的馬克思主義者，阿圖塞才找到一個（他把馬克思本人看成充滿著毫無希望的前後矛盾！），這就是列寧。列寧被說成是完全擺脫了黑格爾的狡猾、唯心主義的道德觀念以及傷感的人道主義。阿圖塞曾希望馬克思也是這樣，但卻大失所望。可是他相信，列寧從未把任何黑格爾化的概念看成是重要的，不論是否定性、異化或「揚棄」，當然主體性與客體性的黑格爾化的融合也是這樣。但我們一定讓阿圖塞再度失望了。

列寧在研究了黑格爾之後，正如馬克思那樣承認黑格爾對哲學的基本貢獻，即在認識過程中把主觀的東西與客觀的東西統一起來㉒。

正如我們在前面指出的，列寧熱烈地接受了阿圖塞所拒絕的並且以爲列寧也拒絕的那種馬克思在《政治經濟學批判序言》中對其歷史主義理論的概括。這種理論把社會發展建立在當生產關係束縛生產力時生產關係就發生變化的基礎上。阿圖塞曾說,「列寧**一分鐘也沒有**受這些充滿黑格爾主義和進化論思想的篇章影響」。實際上，列寧在他的兩本最重要的著作中全文摘錄了這些篇章,列寧把它們描述爲「歷史唯物主義理論的完整闡述」㉓。

「無情到極點的」是，列寧不是否定黑格爾的理論(唯物主義形式的，但仍然基本上是馬克思一向認爲的那樣的)，不是否定關於人通過其對歷史過程的不斷認識同時創造自身、社會和歷史的辯證法，不是否定通過無產階級並在無產階級中「實現哲學」，而是認爲對馬克思主義中的黑格爾眞理的充分理解和接受是不可或缺的:

「不鑽研和不理解黑格爾，因此，半個世紀以來，沒有一個馬克思主義者是理解馬克思的。」㉔

我們知道有一位法國的馬克思主義者，這句話特別適用於他。

阿圖塞的風格

我們不能沒有對阿圖塞整個生活和著述的風格稍加評論就把他擱

下。他的這種風格雖然與其說能令人信服，還不如說能引人注意，但卻是很不尋常的。他以一個獻身者的身份說話，不過是在做沒人理睬的叫嚣(a voice crying in the wilderness)。他給人的印象是把博大精深的學問應用於一種完全嶄新的、而且在他看來是絕對必要的對整個馬克思主義立場的重新闡述上面。他酷愛論戰，馬上就因爲把他有義務揭露和譴責的敵人和異教徒送上被告席而引起我們的興趣。這些敵人和異教徒就是哲學家、進化論者、黑格爾派和人道主義者。

他作爲捍衛困難重重的正統的最後一位鬥士，使用鉅細靡遺、極端教條主義的方式論證。他之所以引起我們的興趣，是因爲他進行了獨立的思考，他的闡述具有一定的獨立性，比重複那些衆所周知令人生厭的論證和說明的作法更令人信服。

他立論的基礎再清楚不過了：在跟進化論者和人道主義者的意識形態理論相對立起來的時候，就自稱是科學。正因爲如此，他的論據和論點呈現出生動陳述的**經驗事實**和從中推論出來的嚴格邏輯結論這一外貌㉕。關於他的問題沒有任何含糊或主觀的地方。有人會認爲，他是在愛因斯坦(Albert Einstein)將目的論和絕對論逐出物理學之前的那種較陳舊的物理學的代表人。阿圖塞顯然想讓馬克思主義成爲清晰的、絕對的、最終的、無可辯駁的和不可改變的東西。

隨之而來的，必然是知道自己握有最終眞理的人的這一侵略性的好戰態度。這種強烈的黨派性能令人精神振作，並使那些採取這一立場的人產生一種怡然自得的優越感和自信心。

那麼，已經產生出的理論體系是什麼呢？對這個理論體系，他又做了些什麼事呢？遺憾的是，也沒有產生出什麼可以理解的東西，也沒做出什麼事情來。他答應要提出一個完整的理論體系，但是並沒有提出來。反過來，卻告訴我們要在阿圖塞的指點下解讀《資本論》。然而，當我們把他的著作放下來時，馬克思的秘密卻還是秘密。

他對日常事務和當前問題同樣的也浸淫得不夠，因而無法讓我們就像在一切列寧的生動、具體和實際的講話與著作中都能看到的那樣，清楚地洞悉確實發生了什麼事，該怎麼辦。看來確實在發生的是在學術上向越來越混淆和晦澀倒退了。隨著每一批新論文的發表，主題變得越發深奧，讀者和信徒也變得越來越高級，越來越稀少[26]。

我們免不了要拿中世紀的註經家來比較一下。雖然每一個純粹的概念體系一旦我們接受下來，就會統率事實和支配我們的行動，但它卻永遠不能得到毫無異議的妥當性。一切理論的教條主義都是遠離科學的，因為它不是**實踐**，不是在行動中不斷受到檢驗和校正的可行假設，例如像醫學那樣，以及像馬克思主義那樣。因此，它深刻的理論建構必定採取僵化的教條主義形式，或者像一切思辨的形而上學一樣，在信念的平衡點上左右搖擺。它總是一定會被另一種同樣嚴謹的體系所取代。正是因為這樣，中世紀的經院哲學才在天主教哲學家們的教室內消失了，而且永遠看不到了。而且也永遠不能靠著愈來愈頻繁地強調體系具有嚴謹和眞實性的這一辦法而使妥當性得到保證——這是教條主義能夠戰勝懷疑的唯一途徑。

阿圖塞準備在為正確的**詞語**而戰的戰場上捍衛他的主張。特別是有兩個**詞語**他是準備奮戰到底的：第一，他拒絕承認馬克思主義是一種**人道主義**；第二，他拒絕說是**人**創造歷史。如果說這些是他的教條，那麼他盡可以守著它們。

❶列寧，〈哲學筆記〉，《列寧全集》，第五十五卷，（北京：人民出版社，一九九〇年），頁一五一。

❷馬克思的《關於費爾巴哈的提綱》第一條。

❸恩格斯，〈路德維希·費爾巴哈和德國古典哲學的終結〉，《馬克思恩格斯全集》，第二十二卷，（北京：人民出版社，一九六五年），頁三五三。

❹馬克思和恩格斯，〈德意志意識形態〉，《馬克思恩格斯全集》，第三卷，（北京：人民出版社，一九六〇年），頁五〇。

❺ Louis Althusser, *For Marx* (London: New Left Books, 1977), p. 189.

❻ *Ibid*., p. 197.引文跟原著有部份出入。——中文版譯者。

❼ *Grundrisse der Kritik des Politischen Oekonomie* (Rohentwurf)（《政治經濟學批判大綱》〔草稿〕）。

❽見列寧論馬克思的傳記文章；列寧，〈卡爾·馬克思〉，《列寧全集》，第二十六卷，（北京：人民出版社，一九八八年），頁四七～九五。

❾ Louis Althusser, *op. cit.,* p. 230, Note 7.

❿這些詞語阿圖塞除了視之爲完全唯心主義的之外，便無所作爲了。

⓫ Marx, *Le Capital*, Livre I (Paris, 1969),載有阿圖塞的序言。關於這篇序言，請見阿圖塞，〈《資本論》第一卷序言〉，《列寧和哲學》，阿圖塞，（台北：遠流出版公司，一九九〇年），頁七五～一〇六。

⓬阿圖塞，〈《資本論》第一卷序言〉，頁九五。

⓭同前揭書，頁九五。

⓮列寧，〈卡爾·馬克思〉，頁五八。

⓯同前揭書，頁五七。列寧在《什麼是「人民之友」》一書中也大段地摘引了這篇序言，見列寧，〈什麼是「人民之友」，以及他們如何攻擊社會民主黨人？〉，《列寧

全集》，第一卷，（北京：人民出版社，一九八四年)，頁一〇七～一〇八。

⑯ Louis Althusser, *op. cit.*, p. 187, Note 23.

⑰ *Theoretical Practice* (No.1)(英國關於阿圖塞研究的雜誌)。

⑱阿圖塞把毛澤東所系統闡述的矛盾理論採用來當作變革的法則。

⑲假如有這麼認爲的馬克思主義者的話，那麼波柏倒有一個最令人信服的回答，但是波柏所拒絕的決定論並不是馬克思主義。

⑳馬克思，〈關於費爾巴哈的提綱〉，《馬克思恩格斯全集》，第三卷，（北京：人民出版社，一九六〇年)，頁四。

㉑ Maurice Cornforth, *The Open Philosophy and the Open Society.*(康福斯補充說，我們可能讀遍馬克思的著作，永遠也碰不上對任何這類規律的任何闡述。)

㉒見列寧，〈哲學筆記〉，《列寧全集》，第五十五卷，（北京：人民出版社，一九九〇年)。

㉓列寧的《什麼是「人民之友」》和論馬克思的傳記文章。

㉔列寧，〈哲學筆記〉，頁一五一。

㉕正如他本人承認的那樣，必然返回到經驗主義。

㉖我特別是指標題爲《理論實踐》(*Theoretical Practice*)的兩册論文。

3
阿圖塞：哲學和列寧主義

洛克

去年倫敦共產主義大學哲學部門的辯論，有很大部份是集中在法國共產黨人哲學家阿圖塞的著作上。《今日馬克思主義》接著在今年的一月號和二月號上發表了劉易斯就同一個主題寫的一篇包括兩部份的文章。幾年前在法國開始的理論辯論英國黨也加入了討論。我們的同志和全體英國人民一樣，對外國進口貨有時有點顧慮。但是，如果說每個國家的風格不同，那麼馬克思主義的原理依然是世界各地共產主義運動的指導力量，而且在我們今天，也像在半個世紀前一樣，我們有很多東西得向我們海外的同志們學習。

這裡給那些沒有領會劉易斯文章的人，很簡略地概括一下背景情況。阿圖塞是巴黎大學的高等師範學院的哲學教師。他是法國共產黨黨員，一九四八年入黨。他最出名的著作是《保衛馬克思》、《解讀〈資本論〉》和《列寧和哲學》(*Lenin and Philosophy*)，現在都有英譯本❶。

因爲阿圖塞是位專業哲學家，他所寫的一些東西對於許多同志來說起初可能難於理解。這並不是說他們無權參加這場辯論。這場辯論跟所有的共產黨人都有關係。如果說我們大家都有責任努力學習馬克思主義，那麼知識份子也有責任用把他們寫出來的著作變成黨手中工具的態度來寫作，而不是讓它還是成爲枯燥乏味的和學院式討論的主題。

這一點跟我初步概略的評論某些針對阿圖塞所做的抨擊是有關聯的。把從馬克思成千上萬頁的著作中摘出的一些引文串連在一起，來「批駁」(正是那樣)我們當中一位同志的全部理論研究，是一種不恰當的作法。這種既抽象又教條的方法跟馬克思的方法毫無關係。我們今天需要的，是能夠有助於解決當前的政治問題但同時又還是牢固地站在馬克思主義科學基礎之上的思想。而這些思想，若沒有實驗，是不能產生出來的。

阿圖塞與共產主義運動

爲什麼阿圖塞的著作在法國和別的地方引起這樣的爭論，還遇到這樣有敵意的反應呢(劉易斯的反應只是個相當溫和的例子)？無疑首先是因爲他公開說出了——並援引論據來支持他的論辯——某些經常被人們思考但卻沒有被說出的東西。特別是他聲稱，自從一九五六年蘇聯共產黨第二十次代表大會(是時赫魯雪夫 Nikita S. Khrushchev 炮轟史大林)以來，許多共產黨人知識份子闡述了一種對馬克思主義的新「解釋」——姑且稱之爲「人道主義的解釋」——這種解釋跟指導世界各國共產黨工作的馬克思列寧主義原理是不相容的。讓我們馬上把幾件事情說清楚。

第一，提到蘇共二十大，並不表示阿圖塞只是留戀一九五六年以前的日子。那次代表大會是一個不可逆轉的事實，只有浪漫主義者才會看不到。

第二，阿圖塞並不是說，所有的共產黨人知識份子都已陷入修正主義！絕不是這樣。他們一般都以無比的勇氣，不屈不撓地堅持爲馬克思主義思想而戰鬥。爲反對眞正的危險而鬥爭是越發有理由。

第三(我們將回過頭來談這一點)，阿圖塞抨擊「人道主義」的立場，並不表示他認爲共產黨人不會因爲或不應該因爲他們自己同伙人的一種關懷而受感動。恰恰相反。用他自己的話說：

「共產黨人爲消滅階級和實現共產主義社會而鬥爭，在共產主義社會裡，所有的人終將成爲自由的人和兄弟。然而，整個古典的馬克思主義傳統一直拒絕說馬克思主義是**人道主義**。爲什麼呢？因爲**實際上**，也就是按**事實**說，人道主義這個詞語被一種意識形態用來對抗，也就是打擊另一個正確的詞語，而且對無產階級生命攸關的詞語：**階級鬥爭**。」❷

這幾點無論看起來怎麼簡單，都必須說清楚，因爲阿圖塞的著作已經被法國和其他地方的左傾(leftist)思潮所利用了。讓我們說清楚。重要的是公衆的論斷和公衆的立場。如果阿圖塞的意見就是某些極左派團體的意見，那麼他就不會像現在這樣持有黨證或在黨內工作了。

關於這一點，注意一下法國共產黨總書記羅歇(Waldeck Rochet)在一九六六年一次中央委員會會議上所作的評論是很有意思的。在簡單的討論過阿圖塞的著作《解讀〈資本論〉》之後，他指出：

「如果說，一方面在我看來有必要把批判性的評估跟阿圖塞及其他共產黨人哲學家討論馬克思列寧主義理論某些關鍵性問題的方式聯繫起來，那麼，這並不意味著我們 *en bloc*(全盤)否定他們的工作，或者說譴責他們的研究成果。恰恰相反，我們是打算讓我們的意見有助於保證站在更加堅實、更加富有成果的基礎上來做這項努力。」❸

阿圖塞的反應可以在〈哲學是革命的武器〉這篇答記者問的文章中的一節裡找得到，從這個觀點看來很遺憾，這一節沒有收入以《列寧和哲學》論文集方式出現的英文版裡頭。阿圖塞在那裡解釋說，他和他的共同撰稿人並沒有自以爲已經找到所有答案了：

「我們所寫的一切都留下了我們缺乏經驗和學識的明顯痕迹，人們可以在那裡看到不確切和錯誤的地方。因此，我們的論述和提法是暫時性的，肯定需要改進。在哲學中也和在政治中一樣，沒有批評就沒有改進。我們要求對我們進行馬列主義的批評。」❹

在提到羅歇發表講話的那次中央委員會會議時，他補充道：

「我們最重視革命階級鬥爭的戰友們的批評。例如，某些戰友在阿爾讓台（Argeuteuil）中央全會開會期間給我們提出的某些批評就對我們幫助很大。其他的批評也一樣。在哲學中，離開無產階級的立場就將一事無成。……」

正確思想和錯誤思想

關於阿圖塞的靈感這一問題答案已經有了。他說：「使我對哲學發生興趣的，是唯物主義及其批判作用：贊成**科學的**知識……。」但是，「是政治決定了一切。不是一般的政治，而是馬列主義的政治。」❺馬克思主義哲學的作用是什麼？正像在階級鬥爭中我們需要在我們的階級朋友和我們的階級敵人之間「劃清界限」一樣，我們需要在正確思想和錯誤思想之間劃清界限。同類的界限。因爲「原則上，正確思想總是爲人民服務；錯誤思想總是爲人民的敵人服務。」❻

讓我們考察一下某些「錯誤思想」、對某些術語的用法，特別是那些阿圖塞說甚至已經開始潛入共產主義運動內的馬克思主義的「新解釋」的含義。這些當中的有些思想看起來頗無危害。但是我們必須不是考察表面現象，而是考察在使用中的現實。這裡沒有篇幅來進行透徹的概括性研究。但是我們可以看一個例子。讓我們來看看前共產黨人加羅蒂(Roger Garaudy)——長期以來是阿圖塞的哲學對手——是怎樣爲了一個明確的目的使用某些概念的。著重號是我加的。

加羅蒂說，出來有力地反對**工業文明**盲目機制的，是**科學和技術革命**時代的**人的主體性**。只有社會主義能提供一種抉擇。但是哪一種社會主義模式可以讓它的基本目的在這種革命所創造的新歷史條件下得到實現呢？他告訴我們，不是那種把生產資料「集體所有制」解釋成「國家所有制」模式，即不是那種能支配全部社會勞動的剩餘價值的集權國家模式。相反，只有當工人階級本身有權支配這一剩餘價值時，社會主義民主才能夠存在。如果這一權利仍然爲**集權的官僚機構**所壟斷，那麼工人階級在整體上就還是處於從屬和**異化**的形勢中。

他論證說，社會主義的成功不是單純通過電冰箱和電視機的數目來衡量的，而是通過**人的興旺**來衡量的。不管這是怎麼回事，例如在蘇聯就顯然看不到社會主義的成功。因爲在那裡，中央的黨機器及其官員對事務保有一種官僚的、集權的和極權的看法，這種看法依然是實現經濟改革、政治民主化和文化解放的主要障礙。然而很幸運還有一線希望——加羅蒂向我們保證，有一天，「現在的蘇聯統治者會被一掃而光，會從頭開始，恢復十月革命的眞實面目和燦爛光芒」，這不是不可能❼。

毫無疑問，加羅蒂是充滿善意的。同樣毫無疑問的是，社會主義世界也還有現實的問題。但是，有可能解決這些問題的，不是善意，而是馬克思主義。問題在於，加羅蒂正是因爲利用一種充其量可被看作馬克思主義以前的傷感社會主義的理論來戲弄某些現實的問題，因此把通向反共主義的門路打開了。這與阿圖塞的著作有什麼關係呢？關係是這樣。阿圖塞的著作正是號召警惕「那時刻威脅著馬克思主義理論、並且今天在深深浸透著它的資產階級和小資產階級世界觀」❽。

加羅蒂已經離開共產主義運動。這並不是說，所有非馬克思主義的思想已和他一起離開了。這是正常的，因爲馬克思主義回答我們時代問題的答案，並不是從共產黨人的思想中純粹和現成地產生出來的——它們需要不斷進行鬥爭，反對我們周遭的資產階級意識形態無時無刻出現而且往往是捉摸不定的影響。阿圖塞想對這一場根本就是思想領域的階級鬥爭的鬥爭做出貢獻。在詞語上進行的哲學鬥爭是政治鬥爭的一部份。正因爲如此，某些看起來無辜的詞語有更多的內含：

「『**工業社會**』、『**新資本主義**』、『**新工人階級**』、『**富裕社會**』、『**異化**』和**每個人**的資產階級意識形態的概念，統統都是反科學和反馬克思主義的：是爲了反對革命者而想出來的。」❾

不管使用它們的人的意願如何。

馬克思的早期著作：它們的地位是什麼？

某些同志會反對說，就這些詞語中的某些而言——至少是就**異化**而言——反馬克思主義的與其說是概念本身，還不如說是它們的用法。這個問題不是一篇文章的篇幅所能解決的。然而，讓我們至少指出這樣一個歷史事實，把馬克思早期著作中出現的某些詞語用作反共主義的工具並不新鮮。社會民主黨人蘭德蘇(Siegfried Landshut)和邁爾

(J. P. Mayer)在他們一九三一年編輯出版這些著作時，就已開創了先例。看看他們的一些理論論證是有趣的。

他們指出，構成《資本論》基礎的假設恰恰是那些包含在馬克思一八四七年以前的著作中的假設。

「就《資本論》的作者來說,，這些假設代表在他知識成熟的時候自己逐漸解開的……一些年青時候的錯誤……。馬克思的經濟分析的原理是直接從『人的眞正現實』取得的。」❿

正如阿圖塞指出的，立場表述得很清楚。《資本論》被說成是一部從根本上說是**倫理學的**著作，雖然倫理學的這一面在這部著作本身中並沒有明白表現出來，但卻能在早期著作中找得到，早期著作就這樣補充《資本論》的。

在最近知識舞台上重新出現並受到歡迎的，正是這一論點或某種類似的東西。這就是阿圖塞所說的「青年馬克思」的修正主義思潮。我們應該注意到，當阿圖塞說馬克思在寫《資本論》時實際上已經跟他的早期思想決裂，而不是以它們爲基礎時，他並不是說這些思想當時在理論上和政治上決不是進步的。問題只是：我們已擁有包含在《資本論》中的科學分析，爲什麼**現在**還要倒退回去，重新揀起那些思想來呢？爲什麼還要熱心地去「重新發現」和傳播那些馬克思本人說他自己認爲在一八四五年就已清算了的思想呢？

答案最終只能是政治的。有些思想家面對著某些意外的事實和問題，面對著它們對個人產生的影響，不能提供科學的說明和解決辦法，於是放棄了馬克思列寧主義的領域。但是，當這種放棄不必明白表示出來的時候，無論是有意還是沒意，心情上要輕鬆得多！正因爲這樣，他們才轉而求助於早期的馬克思——他畢竟與《資本論》的作者是同一個人。但是，在最進步的思想缺乏科學的根基時，它們的價值也就大大地取決於時間和場合。它們會很容易地轉變爲自己的對立面。正如我們已經看到的，這些取自早期馬克思的思想所常常碰到的情況不就是這樣嗎？促使從極右到極左的各種反共政治流派片面採用「人道主義」論點的情況，不也就是這樣嗎？

什麼是反人道主義？

因爲反對「人道主義」這個詞，以及取代《資本論》的「科學」解釋的「倫理學」解釋，可能仍然會使一些讀者感到焦慮。馬克思主義難道不是鬥爭和分析、理性和激情的產物嗎？確實是這樣。但是在共產黨人看來，道德不是抽象的東西，而是出於階級的考慮。馬克思主義教導我們，人民、工人階級及其同盟者的解放，意味著以某種形式克制剝削者這一階級（雖然是暫時的）。這就是馬克思主義的無產階級專政概念的意義。阿圖塞的「反人道主義」不多不少，正是意味著肯定這個概念（如同馬克思主義其他概念一樣）所根據的一些理論原則。

以非常概略的方式來說，問題是，馬克思分析社會不是從個體的**人**出發，而是從**社會**現實，即階級、生產力和生產關係等出發。所謂「人的本質」（以及在特定時刻占主導地位的道德觀念）是這些現實的產物。因此，馬克思主義的科學不能夠——像「青年馬克思主義者們」所想的那樣，像「理論的人道主義」所主張的那樣——從某種所謂「人的眞正現實」出發。創造歷史的，完全不是某種「抽象的」人，也不是任何具體的個人，而是「群衆」，即「在一個單一的階級鬥爭中密切聯繫在一起的階級」⓫。

關於人道主義問題的整個辯論，已帶有相當混亂和誤解的特徵，無論是就有關論據的性質還是就這些論據的寓意來說，都是如此。我們已經非常簡略地看到，爲什麼阿圖塞認爲，馬克思主義從其理論地位的觀點看不是人道主義。至於這個論據的寓意，他說道：

「『關於馬克思主義的人道主義』這種論點的泛濫以及它們對馬克思主義理論的侵害，應該把它解釋成可能是具有雙重無能和雙重危險的一種歷史象徵。一種是不能思考馬克思主義理論特性的無能，以及跟它有關聯的，把馬克思主義理論跟馬克思主義以前的意識形態解釋混淆在一起的修正主義的危險。另一種是對解決二十大以來這種場合所提出來的現實(基本上是**政治的**和**經濟的**)問題無能爲力，以及用某種純粹是**意識形態**公式的虛假『解決』來掩飾這些問題的危險。」⑫

這個問題現在應該稍爲清楚一些了。但是，讓我們重複說一遍：阿圖塞是說，馬克思主義作爲科學，不是人道主義。他並不是說，共產黨人的工作不受到人的感情所感動。的確，只有以馬克思主義爲基礎的政治鬥爭才會使這些人的努力成爲現實。

馬克思主義和黨

當阿圖塞談到作爲科學的馬克思主義時，他的意思是：它已和那些膚淺潦草的、自發產生的、除了別的問題以外常常會造成政治錯誤的世界概念決裂。這些概念仍停留在**意識形態的**水平上。讓我們考察一下一個運用這種區分的有名例子：這是列寧的例子。他在《怎麼辦？》(*What Is To Be Done?*)中論證說，社會主義理論必須建立在深刻的科學知識的基礎上。科學社會主義不能夠直接從工人階級的鬥爭中產生出來：

「各國的歷史都證明：工人階級單靠自己本身的力量，只能形成工聯主義的意識……。現代科學社會主義的創始人馬克思和恩格斯本人，按他們的社會地位來說，也是資產階級知識份子。俄國的情況也是一樣，社會民主黨的理論學說也是完全不依賴於工人運動的自發增長而產生的……。」⓭

這一點非常重要，由於列寧常常遭到曲解，就更加重要。列寧在這裡所說的一切——以及試圖捍衛列寧的阿圖塞所說的一切——絲毫不包含有政治上的**精英統治論**(élitism)的意思。相反，整個要旨在於，**科學**思想要想有任何價值，必須打動**工人階級**。為了完成這個任務，需要一個新的黨，一個新型的黨——工人和其他革命者的黨。一個共產黨。

為什麼它是一個**新型的**黨呢？因為有史以來第一次，它把政治建立在科學的理論原則和組織原則的基礎上。科學理論和組織結構之間的聯繫是什麼呢？這就是，如果馬克思主義像列寧說的那樣，的確是一個與譬如說工會意識(它表達工人階級對剝削的**自發**反應)不同的思想體系，那麼可見一個馬克思主義的黨就必須以一種使工人階級能夠把它的鬥爭提高到超出這一自發的、沒有聯繫的水平之上的方式組織起來。

黨並不只是「表達」工人階級的思想、意見和要求而已，它也把這些東西與科學的行動原則結合在一起。這只有在黨是在其鬥爭中成為一體的、團結起來的黨時才有可能。正因為如此，「馬克思主義理論和工人運動的結合，是階級鬥爭的整個歷史中，實際上也就是全部人類**歷史**中最重要的事件……。」⓮

阿圖塞著作的某些要旨現在應該可以理解了。他關心的是捍衛——在理論層次上，因為這是他作為哲學家的職責——馬克思列寧主義的基本原理。這些原理絕大部份是非常簡單的，但並不因此而較不重要——由於它們常常被否定而變得更加重要。阿圖塞在捍衛馬克思主義、反對所謂「青年馬克思主義」思潮及其他修正主義解釋的歪曲時，他就不僅僅是從事一場學術討論了。因為這裡生死攸關的歸根到底是政治：共產主義運動的政治。

反列寧主義和反共主義

反列寧主義不是一種新的現象。但是它在最近幾年又重新流行起來。某些意識形態流派大為發展。托洛茨基主義(Trotskyism)和無政府辛迪加主義(anarcho-syndi-calism)找到了再次使史大林主義(Stalinism)的幽靈復活的共同事業。片面宣傳了要「基層群衆」(grass roots)的社會主義，要「工人監督」，不要忽視工會的眞正問題和社會主義民主的「官僚主義」。但這些思想不管叫起來多麼引人入勝，如果不與適當的馬克思主義的觀點結合起來，運用它們往往只能得到一個結局：反共主義。

不過鬥爭並不是針鋒相對的。我們的黨有它存在的權利。它的結構和原則並不是任意的，而是建立在科學分析的基礎之上的。列寧說，「馬克思的學說所以萬能，就是因為它正確」。阿圖塞的目的就是要幫助證明它是正確的。

無論如何不可能有理論工作和政治工作之間的人為區分，這一點從來沒有這樣正確。因為事實是，強大的意識形態壓力目前正在把年青人中的重要成員推向形形色色的左傾主義(leftism)或政治上的唯心主義。不容易說服他們相信共產黨的立場。資產階級的報刊同電視及其他傳播媒體一起，在這方面也常常扮演一種微妙的角色。與此同時，其他許多人由於看到政治是這些傳播媒體給他們描述的樣子，也對政治產生失望，拒絕參加鬥爭。

在這種形勢下，我們的黨處於一種困難的地位，在多數先進的資本主義世界中，情況都與此類似。因爲從意識形態上說，我們在某種程度上是在逆流而上。難道黨不是「老式的」或「保守的」嗎？難道我們不需要一種與現在看到的模式不同的社會主義嗎？

阿圖塞著作的要旨在於它回答了這些問題。而且它回答得毫不含糊。讓我們重說一遍，馬克思列寧主義不是一種可以隨意撿起或扔掉的時髦貨，而是科學。列寧主義的組織不是某種已經過時的、適應某個很早以前的歷史時期而現在必須拋棄的東西，而是建立在馬克思主義原則基礎上的唯一組織形式。只有當馬克思主義指導群衆的政治鬥爭時，我們時代的重大問題，包括社會主義國家中存在的現實問題，才能夠獲得解決。

然而，問題是證明這一點，並說服別人。在這裏不可沒有眞正的理論論據。阿圖塞是把主旨放在要給這種對共產主義運動生命攸關的理論論據一種更深刻的內容的其中一個研究者。難怪許多前共產黨人和反共主義者痛恨他！難怪例如原先在華沙(Warsaw)大學、現在顯然定期來往於英美之間的哲學家科拉柯夫斯基(Leszek Kolakowski)寫道，阿圖塞的著作給我們的「不過是空洞的語言而已」！難怪托派刊物《國際社會主義》(*International Socialism*)祝賀科拉柯夫斯基「有效地摧毀了阿圖塞派的痴心妄想」⓯！

馬克思和黑格爾

劉易斯已經在《今日馬克思主義》評論了阿圖塞著作中的某些具體問題。這裏沒有篇幅來討論他的所有論據。但是我們還是需要談一些問題，特別是馬克思跟黑格爾的關係這一問題。

阿圖塞在說馬克思與黑格爾的概念決裂時所表明的重點是，假定有一個像黑格爾那樣的**體系**，那我們是不能取一些零星玩意兒並把它們跟其他組成成份湊合在一起。更具體地說，馬克思拋棄了異化觀念，無論是黑格爾化的還是其他形式的。其立場**大致**是這樣的。

異化含有分離的意思。在黑格爾的社會理論中，這種分離存在於社會總體的本質與其具體規定性之間。在馬克思的早期著作中，存在著另一種分離觀念，即把人所謂的本質與勞動的具體形式分離開(商品、國家、宗教)。這兩種觀念都依賴於同一個形式的**本質**觀念。馬克思在創立歷史唯物主義的科學時，必須放棄這種觀念。

首先，歷史的解釋是從對社會形態的分析開始，而不是從關於人的本質屬性的抽象觀念開始的。但是，我們也不能把對社會的理解建立在任何其他的本質觀念上，好像有某種一切事件都圍繞著它轉的簡單原則。的確，經濟是基礎。但是，它跟社會的其他組成成份，即政治、意識形態等的關係是很複雜的。如果任何事情都是直接由經濟(或任何其他單一的原則，像在黑格爾那裡那樣)決定的，那麼歷史就比實際上的要簡單多了。

不是說在黑格爾和馬克思之間沒有任何聯繫。馬克思斷然地與黑格爾決裂，這顯然並不意味著後者對他沒有影響。如果願意的話，你可以說，馬克思從黑格爾那裡(從《邏輯學》*Logic* 中論絕對觀念的那一章)「借用了」「沒有主體的過程」這一觀念。在這方面有三個要點。

第一，馬克思賦予了這個觀念以不同的內容。雖然他同意，歷史不是任何主體的歷史，但他不像黑格爾，他是用階級鬥爭的唯物主義方式來解釋歷史的。

第二，正因爲歷史沒有主體，所以馬克思主義傳統才在回到**自然辯證法**的論點上是正確的。這個論點有論戰的意義，因爲**在這方面**，歷史跟物理科學的對象沒有任何差別。

第三，關於過程的這一觀念雖然在形式方面是「黑格爾的」，但是事實上正是它才使得馬克思能夠與他早期使用的人的本質的概念決裂。眞是思想史上的諷刺！

値得指出的是，有些專家花了許多筆墨，他們要我們相信，青年馬克思所用的某些詞語(例如異化)以一定數目的次數在相當晚期的著作(包括《政治經濟學批判大綱》)中重新出現。很遺憾，他們的工夫是白費的。從同一個詞語重新出現的事實，很難立即得出意義是同樣的結論。但是更重要的是，沒有任何一個人(包括阿圖塞在內)曾提出過，馬克思主義的科學，或者就此而論任何其他科學，出現時是純粹的，不帶有其他的、科學以前的觀念的痕迹。

科學和階級

阿圖塞說，科學總是在困難的條件下、在反對舊觀念的鬥爭中產生出來的。打一個比方說：

「我們所熟悉的科學已在一些『大陸』上建立起來。在馬克思之前，已有兩個這樣的大陸向科學知識打開大門：數學的大陸和物理學的大陸。頭一個是被希臘人(泰勒斯 Thales)打開的，第二個是被伽利略(Galileo Galilei)打開的。馬克思開拓了通往科學知識的第三個大陸：歷史學的大陸。」⑯

因此，馬克思所創立的科學是一門新的科學，而且是一門特別難建立的科學。爲什麼一門科學的建立總是呈現這樣一場鬥爭呢？因爲思想不是單槍匹馬出現的，它總是以一個體系、一個完整的體系的方式出現。因此，一場科學革命必須跟它所要取代的舊體系決裂。但那個體系**存在是有理由的**。一種意識形態實現一項作用，與生活的實際要求、**或某個階級或統治集團**的實際要求是有關聯的。想一想在伽利略時代科學的物理學反對宗教的鬥爭。它不只是眞理與謬誤之爭的一種情況而已，它還是科學跟一整套力量是建立在明確的社會和階級角色上的觀念所進行的戰鬥。

不難想像，存在著反對建立馬克思主義的壓力。但是這些壓力表現出來的時候是採取不同的形式。反對或者歪曲。阿圖塞寫道，西方的知識份子除了少數例外，「甚至在今天，**在《資本論》問世一百年以後，**還仍然在『涉獵』政治經濟學、社會學、人種學、『人類學』、『社會心理學』等等，正好像**亞里士多德**(Aristotle)**學派**的物理學家們**在**伽利略**逝世五十年以後**還仍然在『涉獵』物理學一樣。」⑰當他們提到馬克思的時候，「除了極少數的例外情況，總是攻擊他，指責他，『吸收』他，利用他或者**修正**他。」

在大學和別的一些地方有一定數量的學者，他們頭腦裡也有某些關於馬克思主義的觀念。阿圖塞說，這些觀念十之八九是錯誤的。但是他們輕而易舉地贏得了廣大聽衆。然而，這些聽衆絕大部份不是工人，而是知識份子，因爲「正如恩格斯說的，無產者即使沒有弄懂《資本論》中那些最抽象的論證，他們也不會『上當』。」⑱

如果說科學的進步會遇到許多障礙——而馬克思主義的科學由於明顯的原因要經過特別艱苦的鬥爭——那麼科學似乎也擁有某些克服障礙的手段。其中之一就是唯物主義哲學。捍衛唯物主義是貫穿阿圖塞著作的一條紅線。我們來看他是怎樣解釋唯物主義的。

馬克思主義哲學的作用

讓我們首先把作爲**科學**的歷史唯物主義與**哲學**唯物主義或辯證唯物主義明確地區分開來。哲學的歷史是唯物主義與唯心主義這兩種傾向之間的一場鬥爭。但是哲學中的這一場鬥爭只有在與爭取科學發展的鬥爭連繫起來時才有意義。哲學是以它與科學實踐的關係來界定的。它是有助於這種實踐還是阻礙這種實踐？概括地說，對這個問題的回答決定了一種哲學是扮演唯物主義的角色還是扮演唯心主義的角色。

同時，唯物主義隨着每一個重大的科學發現而改變形式（恩格斯的著名論點）。還是有鬥爭。正因爲如此，列寧才說：

「馬克思和恩格斯的天才正是在於：他們在很長時期內，在**差不多半個世紀**裡，發展了唯物主義，向前推進了哲學上的一個基本派別……。把胡言亂語、冠冕堂皇的謬論以及想在哲學上『發現』『新』路線和找出『新』方向等等的無數嘗試當作垃圾毫不留情地清除掉。」⑲

阿圖塞在一九六八年發表的一部著作中，正是求助於列寧來說明馬克思主義哲學的作用。正是列寧才給哲學劃定了它自己特殊的領域。哲學範疇跟科學概念是有別的。但是哲學**介入**科學領域。它在科學的東西與意識形態的東西之間「劃清界線」。如果它是唯物主義哲學，它就幫助抵制意識形態的危險。如果它是唯心主義的，它就散播混亂，阻礙科學前進。

馬克思主義的唯物主義哲學甚至能夠更勝一籌，因爲它能依靠歷史唯物主義。而歷史唯物主義告訴我們，意識形態的障礙具有現實的社會根源，包括階級鬥爭中的根源。因爲如果一般說來正確思想是爲人民服務的，錯誤思想是爲人民的敵人服務的話，那麼從馬克思主義的發展中贏得好處的則是工人階級及其同盟軍。因此，當辯證唯物主義對理論領域進行**支持**科學、**反對**意識形態歪曲的介入時，它在那個領域就展現著階級鬥爭。

這是列寧關於哲學中的**黨派性**論點的意義。這是一個令資產階級世界震驚的論點——因爲它不是表示某種虛僞的東西，表示缺乏精神上的誠實嗎？答案不是資產階級世界所想到的東西，但也許同樣令人震驚。這就是所有的哲學都是有黨派性的，不管喜歡與否。然而，歸根到底只有唯物主義者站在眞理這一邊。而馬克思主義的唯物主義者最堅決，因爲他知道他的黨派性結果是什麼。

阿圖塞解釋了這一切。難怪他的一些對手不得不進行誹謗。因爲他的論據不是停留在一種他們能夠忽視的空洞、抽象的水平上，而是按照馬克思、列寧和葛蘭西(Antonio Gramsci)關於「哲學基本上是政治的」這一論點⑳，具有一種作用。我們已經看到阿圖塞怎樣解釋這個論點，他的著作怎樣使用這個論點。這不是說已經沒有論爭的餘地！別的一些哲學家，別的一些共產黨人，在許多問題上有不同看法，他們正在從事同一個工作。我們期待著這場辯論。然而在這裡最後決定權在於阿圖塞。這是其專業的一種謙遜。他說，理論的著作是必要的。

但是爲了理解它們，需要有某些十分具體的東西：

「我們必須在與群衆密切接觸中，直接經歷完全決定這些著作的兩種**現實**：理論實踐（科學、哲學）在其具體生活中的現實；**革命階級鬥爭實踐**在其具體生活中的現實。因爲，如果說理論使我們能夠理解歷史的規律，那麼創造歷史的則不是知識份子，甚至也不是理論家，而是**群衆**。」㉑

❶《保衛馬克思》由 The Penguin Press 的 Allen Lane 出版，《解讀〈資本論〉》和《列寧和哲學》由 New Left Books 出版。英譯者是布魯斯特（Ben Brewster）。

❷阿圖塞，《列寧和哲學》，（台北：遠流出版公司，一九九〇年），頁二八。

❸ Waldeck Rochet，"Le marxisme et les chemins de l'avenir", in *Cahiers du Communisme*，No. 5 - 6 (1966)，p.20.

❹阿圖塞，前揭書，頁二九。

❺同前揭書，頁一九。

❻同前揭書，頁二八。

❼ Roger Garaudy，*Le grand tournant du socialisme*，pp. 170～171，又見 pp.22，46，49，134，145，191.

❽阿圖塞，前揭書，頁二四。

❾同前揭書，頁二七。

❿轉引自 Louis Althusser，*For Marx* (London： New Left Books, 1977)，p.52.

⓫阿圖塞，前揭書，頁七一。

⓬ Louis Althusser, *op. cit.,* p. 12.

⓭列寧，〈怎麼辦? 〉，《列寧全集》，第六卷，（北京：人民出版社，一九八六年），頁二九。

⓮阿圖塞，前揭書，頁二二。

⓯ *International Socialism*，No. 50（January-March 1972），p.41

⓰阿圖塞，前揭書，頁二二～二三。

⓱同前揭書，頁二三。

⓲同前揭書，頁八二。

⓳列寧，〈唯物主義和經驗批判主義〉，《列寧全集》，第十八卷，（北京：人民出版社，一九八八年），頁三五二。

⓴阿圖塞，前揭書，頁二十。

㉑同前揭書，頁二七。

4 馬克思主義和意識形態：阿圖塞和意識形態

奧克萊

「厄羅斯(Eros)和阿波羅(Apollo)都要求
把秩序建立起來——這是任務；
因爲藝術和生活對此意見也一致，
各自都想望一種綜合性，
而這一秩序必然是
所有爭取自由，
也就是有決心生存下來的
自愛的人物爭取的目的。」
——奧登

上面這首詩有點時代風味。現在把它印出來顯得傲慢，如果情有可原的話，那是要用它來證明，在劉易斯缺少諒解的文章出現以前，在《今日馬克思主義》上隨意輕蔑地提及阿圖塞著作的習慣尙未僵化成神經性痙攣以前，英國共產黨至少有一個成員從盡可能好的方面閱讀了阿圖塞的著作❶。

因爲時代風味揭露它所排斥的任何東西；在關於馬庫色(Herbert Marcuse)的文章一度大量激增的時候，馬庫色的成就(**的確是**一種成就)不是被看成是、或者被證明是對於**知識**、對於把作爲社會形態科學的馬克思主義整個地加以擴展的一種貢獻，而是被看成是明確地表述了一種**意識形態**——這種意識形態在其他方面是隱含在各種實踐中，特別據說是隱含在**文學實踐**中。而在這裡，這本質上是一種阿圖塞的觀點，當然是按照阿圖塞的詞彙表達的。阿圖塞以一種黑格爾的(或可能是「黑格爾的」，因爲我們並不這麼關心黑格爾)和唯心主義的方式(占主導地位的矛盾是按照這種方式來思考的)提供了在馬庫色的著作中認識意識形態的標準，因爲它看來是注定把辯證法從一種早先的意識形態，即機械唯物主義的意識形態扳正過來：

「十九世紀末的德國社會民主黨心想，靠屬於最強有力的資本主義國家這一手段，他們可以很快被往前推進取得社會主義的勝利，然後經歷迅速的經濟成長，正像他們正嚐到選票的激增這一滋味一樣(這種巧合確實發生過……)。他們顯然把歷史看成是通過**其他方面**，好的一面，即具有最快速的**經濟成長、它被壓縮到最純粹形式的矛盾**(資本和勞動的矛盾)的這一面而進展的。他們忘記了，其實這種**矛盾**的單純本質完全是**抽象**：眞正的矛盾是完全跟它的「環境」結合在一起的，因而只能夠**通過這些環境，並且只能夠在這些環境裡頭**，才能夠看得出來、指出來並加以控制。」❷

說馬庫色已經提出了馬克思主義的**意識形態**而不是馬克思主義的**科學**，是跟阿圖塞在這兩者之間確立的區別和關係有關，因爲阿圖塞主要是探討科學性和作爲科學實體的馬克思主義。正是在這一點上，所有他對「斷裂」、對人道主義等等的關注才有意義。離開這一點，這一切就沒有意義，而且在劉易斯沒有任何地方提到它時(就像討論弗洛伊德 Sigmund Freud 不提無意識一樣)，看一看阿圖塞對科學的理解，然後作爲對照看一看意識形態，最後再看一看這對於藝術實踐的含義，看來會是有用的。

因此，意識形態實踐是與理性實踐相對照，哲學是與知識相對照，而當跟馬克思主義的**意識形態的**可能性相對照時，阿圖塞主要關心的是**科學的**可能性。科學唯物主義的產生(這是說「歷史」❸、社會形態——「表示所謂的『社會』的一種概念」❹——的產生)被認爲是可以跟早先數學和自然科學的產生相提並論的❺。

這幾個大陸的共同點，是藉以把哲學的概念和隱喩重新納入知識中的那一種生產結構；這些概念和隱喩的關係被改變了，它們的背景也發生了變化。我們是通過**解讀**實踐區分新的理論環境(**問題設定** *problematic*)的辦法來說明這一轉變的。而這對哲學具有影響；它改變它的假設，而後繼的哲學則擬定問題，或排除那些跟科學所藉以產生的問題不同的問題。因此，例如：

「如果有某種像馬克思主義哲學的東西可能在某一天誕生的話，那麼看來它必定是在那總是把哲學改組同招致這種哲學改組的科學革命分隔開的漫長間隔以後，從這種科學的孕育過程中誕生出來的，這種科學肯定是現有各種科學的一個很獨特的姐妹，但是不管它如何古怪，仍然是它們的一個姐妹。」❻

馬克思主義的總體性

因此，阿圖塞的解讀是從黑格爾的辯證法或總體性(totality)確立了**馬克思主義的**總體性或**馬克思主義的**辯證法的特殊性，也就是說，確立**馬克思主義**的總體性或**馬克思主義**的辯證法的特殊性在於跟它們所最直接發源的背景有別。產生理論實踐，即一個新的科學大陸的這一模式，是在幾個**層次**(levels)上在一些特別的**學科**中再生產出來的。歷史唯物主義考察了構成社會形態的三個領域的實踐：經濟實踐、政治實踐和文化實踐。這些實踐本身相互之間處於一種辯證的關係，而在阿圖塞看來，**馬克思主義的**總體性是「一個客觀的複雜的整體，具有經濟歸根到底是『占主導地位』的多種特定的結構層次。」❼這些不同實踐、幾種學科的順序排列（這是說，使其各自適合其**領域**），可能以類似馬克思主義實踐本身的方式「孕育著一半未明言的理論」❽。對科學、對一般理論實踐和對歷史、對馬克思主義理論實踐和對經濟、政治與文化實踐各層次的思考，是互有助益的。的確，阿圖塞把他自己的著作放在「從概念上具體說明一方面在關於馬克思的研究中，另方面在一些（本質上是結構主義的）著作的研究中所包含的那些哲學原理時，在我們眼前產生的**實際**會合點上面。」❾總之，馬克思主義的學科和其他層次的學科**精密地銜接在一起了**。

這在阿圖塞對精神分析的態度上表現得很清楚。阿圖塞在這裡的興趣與馬庫色的明顯不同，在他看來，精神分析是一個應在歷史唯物主義的範圍內說明的領域，雖然「另一方面，很有可能弗洛伊德的發現已開拓了一個新的大陸，我們才剛剛開始發現它。」❿相似之處是明顯的，「因為如同任何發明家一樣，弗洛伊德曾經不得不用已有的理論概念，即為其他目的而設計出來的理論概念來思考他的發現（馬克思不也是被迫用黑格爾的某些概念來思考他的發現的嗎？）。」⓫他簡略地追溯了弗洛伊德的概念在十九世紀的科學、意識形態、藝術及其他實踐中的起源，並推崇拉康（Jacques Lacan）在語言學上確立這些概念不仰賴這種文化腹地的充分自主性。所以，在弗洛伊德「背後的意識形態」，與在馬克思「背後的意識形態」一樣，並不是他的「秘密」、他的眞理的前提；而是他必須**擺脫**的東西。一門科學的自主性就是它的對象的自主性；在理論上描述一門科學，首先是令人滿意地把它的對象區分出來，而「正是在這裡拉康介入了：他捍衛分析的不可歸結性，對抗支配大部份當代理論解釋的這些『歸結』與變異；他捍衛它的不可歸結性，他的意思是說**它的對象的不可歸結性。**」⓬

因此不僅產生了理論和實踐、政治語言和政治思維、作夢者和精神分析家的辯證法，而且也產生了各層次相互之間、各種理論實踐相互之間的辯證法。俄國群衆在十一月裡的行動所「超過」的一種意識形態，即社會民主黨的意識形態，以及一個用語，即一個從軍事戰略借來的用語，就被利用來按照列寧「最薄弱環節」的概念「思考」這種情況：馬克思主義的理論被制定出來了；阿圖塞想要說明這種制定的情況。夢是「現實」的批判者；精神分析家是夢的批判者；拉康把精神分析的實踐從理論上加以說明，並由阿圖塞給他提供前後的關聯。但是，這位精神分析家提供關於夢的一種批判的解讀，因爲：

「弗洛伊德自己說過，一切都取決於語言。拉康則把這點說得更明確：『無意識的言說是同語言一樣建構起來的』。」⓭

而且他把夢的象徵意義組織起來，同時確立它的指涉、它的內在自我澄清、它的外部暗示：他要求得到同意。阿圖塞的「解讀」並不是針對在它的各階段中作爲例證的本質進行目的論的解讀。它是一種精神分析家的解讀——或者說，文學批評家的解讀。

辯證法及其用法

在阿圖塞看來，不像在馬庫色看來那樣，精神分析的價值不在於它爲馬克思主義提供一種意識形態上的補充材料，即讓我們可以把人的神秘「異化」的故事在自然發生方面和種系發生方面加以對比，而是在於幫助我們理解以那種樣子出現的意識形態的角色。這表現在他恰恰是爲了把馬克思和黑格爾的、機械唯物主義的以及就此而論的馬庫色本人的「意識形態」矛盾區分開來，而從弗洛伊德那裡借來「多元決定」(over-determination)的概念。正如布魯斯特(Ben Brewster)說的：

「『多元決定』的用法是阿圖塞受惠於精神分析實踐的一個例子。弗洛伊德曾用這個術語描寫(除了別的東西以外)夢中的思維在印象裡頭的展現，這些印象的特點是它們把許多思維凝聚在一個單純的印象(condensation／*Verdichtung*)裡，或者是把精神能量從一個特別強有力的思維轉移到顯然微不足道的印象上(displacement／*Verschiebung-Vorstellung*)。阿圖塞使用這同一個術語來描寫在每一種構成社會形態的實踐內部矛盾對於整個社會形態的作用，從而返過來對於每一種實踐和每一種矛盾的作用，這種作用說明了在任何特定時刻占主導地位的結構內部這些矛盾的宰制與從屬、對抗與非對抗的模式。」⑭

正是這一種借用，才提醒人們注意一個重大社會矛盾的性質**好像**一個夢(或一首詩)中的印象，好像是處於一種可被視爲革命的形勢，即各種不同的、**具體的**矛盾的總和中。不是反過來；不是有了那個重大的社會矛盾，各種不同的、具體的矛盾才能得到保證。因此，在這方面馬克思主義的辯證法**總是**一種**具體的**發展；一種能最完善地談論這一實踐和那一實踐、這一社會集團和那一社會集團、這部小說和那部小說、一個社會的這些方面和那些方面、一個悲劇的這些方面和那些方面之間關係的方法。辯證法不是蘊涵於各種實踐之內；我們可以說它是建構這些實踐的方式。正如德拉沃爾佩(Galvano Della

Volpe)——他關心的問題與阿圖塞相似——在一篇文章〈馬克思和黑格爾的秘密〉(*Marx and the Secret of Hegel*)(加了醒目的副標題〈談談馬克思主義語文學的幾個問題〉*Introduction to Some Problems of Marxist Philology*)中說的，馬克思主義的用法不是「舉例子說明辯證法」(dialettizzare)，而是對現實事物之間的現實關係加以安排。

總而言之，我們必須接受這樣一個觀點：只有在我們**劃分**，即**在具體中分類**時**使用辯證法**(即統一)的這一情況下，使用辯證法才有意義；但是，由於那個緣故，如果是在表面上、抽象地對一些「例子」即事實，使用辯證法，那就沒有意義，因爲事實**本身**就已經**含有**辯證法，它們本身必須是而且的確是這種辯證法的表現和**實現**。在最好的情況下，這是無謂的同義反覆、文不對題、**一種隱喻用法**；就像馬克思自我批評中所說的「賣弄」的情況下所發生的那樣⓯。

然而，試把這一點與馬庫色在早期被援引的一段話中對辯證法的用法比較一下，他在那段話中談到怎麼樣「性和社會效益(本身是快樂**原則**和現實**原則**之間衝突的**反映**)之間的**根本**對抗，因爲現實原則對快樂原則的不斷侵犯而模糊了」(著重號是我加的)。如果這樣說：「……把構成一個歷史時代具體生活的**一切**因素歸結爲……**一個**內部統一的原則」代表馬庫色的方法，對他並不是不公道，不過我們也必須提到他的**長處**。這種抽象的辯證法使人情不自禁地產生聯想；也許正如威爾遜(Edmund Wilson)所以爲的那樣⓰，辯證法總是一種華格納式的(Wagnerian)東西。

阿圖塞和意識形態

這裡更仔細地考察一下阿圖塞所理解的意識形態是什麼，將是有價值的，因爲在談到馬庫色在這方面含有意識形態的成份的時候，需要做某些區分。我們首先應該提到阿圖塞所強調的意識形態的**物質性**，他說：「不僅勞動力『技能』的再生產，而且勞動者對統治意識形態的從屬的再生產或這種意識形態實踐的再生產，都是勞動力再生產的絕對必要條件。但需要指出的是，只說『不僅而且』還不夠，因爲很清楚的是：只有在意識形態從屬的形式和在該形式下，才爲勞動力技能的再生產提供了準備。」⑰

例如在教育制度內部得到承認的社會關係，**就是**一個新生的勞動力所從屬的意識形態體系；就像白紙黑字那樣清楚是意識形態的物質性的一個方面，雖然「自然，在我的命題裡的形容詞『物質』的四種用語，一定會受到不同的情況所影響。」⑱但是坦白說，我們在這個場合關心的不是「從屬於統治的意識形態」，我們關心的是（這可能顯得或者是自相矛盾或者是無懈可擊，如果那個詞語用得如此不嚴謹的話）一種馬克思主義的意識形態，而且如果我們要把阿圖塞的分析繼續下去，不是簡單地承認它**是**意識形態，那我們就必須表明它賴以存在的那種物質性，假定就是這樣，那這種物質性就不止有它自己字面的含義了。

《愛欲與文明》(*Eros and Civilisation*)的力量，正是在於它賦予我們描繪某種我們所**承認**的東西之意義，而我們承認它，是因爲它在最狹隘的意義上是一種**文學的意識形態**。早先提到布萊克(William Blake)和奥登，決不是爲了渲染。在談到弗洛伊德時，阿圖塞談到他

「理論上的孤獨」，他如何「必須根據從當時流行的熱力物理學、他那時代的政治經濟學和生物學那裡借來的這些**移入**的概念，思考他的發現和實踐」，以及：

「他唯有的先驅是索福克勒斯（Sophocles）、莎士比亞（William Shakespeare）、莫里哀（Jean Baptiste Moliére）、歌德（Johann Wolfgang von Goethe）等幾位作家或幾句諺語等等。弗洛伊德在理論上完全是白手起家：他在從是時的科學借來的這些移入的概念保護下，而且應該說在從這些概念所浮現的意識形態世界範圍裡借來的這些移入的概念保護下，生產他自己『自製』的概念。」⓳

例如，關於奧登可以說，弗洛伊德被改造成了他的文學上的先驅，並且成了「把」詩歌「引進來當證據」（quoted into）⓴ 的意識形態腹地（包括對布萊克的文學理解）的一部份。小說和意識形態的問題常常由於這樣一種情況而變得很複雜，即所說的意識形態往往是一種文學的意識形態，而它主要是過去的小說本身的產物——甚至在它於別處是時代的一部份的時候。

藝術和意識形態

當我們說有某種經過描述出來為我們所承認的東西時，我們就抓住意識形態的一個重要屬性了，因為「在這種反應中起作用的是意識形態本身兩個作用其一的**承認**作用——卻絕對沒讓我們有這種認識機制的（科學）**知識**——意識形態的存在與個人作為主體的呼叫或建構是同一件事情」㉑。那麼，馬庫色的著作就是描述了一種意識形態，這種意識形態通常體現在文學中，而且這種意識形態以其推理的性質以及被承認的能力，表明自己是意識形態。但是，在通過考察一首詩來證實(在可能的範圍內)這一點之前，必須考慮我們應該怎樣**看**詩中的意識形態，在這裡，即在「美學領域」，阿圖塞顯然對我們又有助益(之所以顯然，是因爲把他研究精神分析實踐所使用過的方法推展到文學批評的實踐中去，這些含義雖然沒有明白說出，卻是完全顯而易見的，同時在這個領域將給我們提供一種新的出發點)。舉個例說在「**並不把眞正的藝術列入意識形態之中，**雖然藝術的確與意識形態有很特殊的關係」㉒這裡頭，他就是非常明確，這一關係跟在科學知識或政治實踐中所取得的關係類似，因爲藝術涉及到灌輸我們的意識形態，這種意識形態是意義的出處，但它並不「表明」或「用例子證明」這種意義，意義只是在文學批評**實際上**重新說明那個唯心主義風格的片斷這個意義上，把意義「體現」出來；因爲文學批評跟它的哲學腹地**實際上**有的牽連，正是馬克思主義和弗洛伊德主義跟它們的哲學腹地所有的那種牽連，這是由於：

「我們知道，**馬克思並沒有保留黑格爾關於社會模式的術語，而是把它們『倒』過來。**他用其他的術語來代替，這些術語跟原來的術語關係淡薄。甚至，他還打亂以往支配這些術語的**關聯**。馬克思認爲，**不但是術語**而且**關係**也一樣，在性質上和意義上都改變了。」㉓

那麼意識形態就不是科學知識的「秘密」——甚至不是那種把**小說**當作它的主題的科學知識(文學批評)的「秘密」——因此也就不是藝術生產本身的「秘密」。相反，「藝術使我們**看到**的，因此也就是以『**看到**』、『**覺察到**』和『**感覺到**』的形式(不是以**認識**的形式)所給予我們的，乃是它從中誕生出來、沈浸在其中、作爲藝術與之分離開來並且間接提到著的**那種意識形態**。它們(藝術作品)在某種意義上是**從內部，通**

過內部的距離，使我們『覺察到』(但不是認識)它們所保持的那種意識形態。」[24]保持距離的概念與相關聯的實現的概念一樣，是批評實踐所熟悉的。一般認爲，一定要把一個作家的意識形態(按照從唯心主義的問題設定內部對意識形態的意義產生影響的這一條件限制中，取得意識形態力量的這種用法)**體現**出來，或者認爲，實現跟這種內部的**安頓**不是沒有關聯的。例如，考慮一下利維斯(Frank Raymond Leavis)是怎樣談論勞倫斯(D. H. Lawrence)的《虹》(*Rainbow*)的：

「勞倫斯沒有沈湎於描寫的『抒情性』或者追求詩意，以營造氣氛。這裡的詞語不是以雄辯的方式而是以創造性的詩歌的方式使用的——它們把某種對勞倫斯的論點說來是重要的那些東西作爲一種實際的表現確立下來，作爲該書本質的一部份創造出來。這些詞語顯示的那種對生活統一體的認眞領悟，肯定不是出自艾略特(George Eliot)的天才，而是出自勞倫斯的天才。它帶有他那談論——使人追憶起——『血的親密』(blood-intimacy)和『血的貼近』(blood-togetherness)情感的才能。總之，它屬於他天才中的那樣一個方面，這個方面使他(不管多麼荒唐)被認爲是黑神(Dark Gods)的預言家，即反對才智、人道和文明的本能堅信者。」

「《虹》的論點本身——主要是創作興趣和發人深省的觀念——駁倒了那種謬誤的看法，即在創作中起作用的『血的親密』的生活(即上面援引的第一章中以『布蘭文兄弟(the Braugwens)就這樣來了又走了』開頭的那兩段話所組成的段落)，在這部小說中，作爲某種必須克服的東西，是一種必要的和強有力的表現。就論點而言，這部小說對於人更有可能實現他們自己具有緊迫性，也還有艱苦的鬥爭。」[25]

摘引的這段話，清楚地表明了把意識形態(「勞倫斯主義」)看作是由「主要是創作興趣」和構成小說一部份的**物質辯證法**（形態）所「安頓」的小說中的「沈澱物」，這種想法是有確切意義的；之所以說是物質的，是因爲正如利維斯在結論中說的，「沒有一個人讀了《虹》，能夠懷疑我的『更有可能』在這裡的正當性」。就是說，它就在由批評的行動所描述的詞語**那裡**。在利維斯看來，所間接提到的（用維多利亞時代哲學的語言）在倫理方面要實現的行動必須把它本身實現出來（即**以物質的方式出現在那裡**）㉖。

奧登論人

但是現在該展示馬庫色的「文學意識形態」其中一個發祥地了，而且也許在這樣做時要給我們自己提出一個緊要的問題。這個發祥地就是最初發表在《到戰爭去的旅行》（*Journey to a War*）（一九三七年）中由奧登寫的一組詩《來自中國的十四行詩》（*Sonnets from China*）其中的第八首：

他把自己的土地變爲集會的地點，
並培養了寬容、冷嘲的眼，
並擺出了銀錢商那樣善變的臉，
於是就找到了平等的觀念。

而在他看來陌生人有如兄弟，
而他用他的尖塔佈滿人間的蒼穹；
博物館儲存他的學識，有如箱籠，
而報章卻注視他的財富，毫不放鬆。

時光飛速，他的生活被拋在後面，

而他忘記過去生活是爲了什麼，

而他雖置身人群之中卻依舊孤單，

而他生活開支浩繁卻還能維持，

而他既找不到過去他付了代價的土地，

也感覺不到愛，儘管他很熟悉㉗。

這組詩是一部人的「歷史」，它的作用在於它的簡練和它抽象的明確性。這首十四行詩關心的是現實原則的過度宰制及其後果；關心的是資產階級的人的性格。奧登極爲倚重一般人承認的那些批評概念，並且使其陳述接近這種概念。正如富勒(John Fuller)說的，「《來自中國的十四行詩》是奧登的一篇**關於人的**論文」，只是對蒲伯(Alexander Pope)的詩，我們也許能夠說，「在詩中體現哲學」了，並且增添了一個新的面向；對奧登的這組詩則不能這麼說；十四行詩的形式與「內容」(即正是先於詩而存在的意識形態)的關係還不是很明顯。的確，有名的奧登的明喻(「博物舘儲存他的學識，有如箱籠」)，效果之一就是斷然否定印象一般的作用，認爲它跟陳述不同；即，否定召喚的作用。

在奧登的那一代人中，把意識形態(文學的以及其他的)作爲老生常談引用，並以此方式提醒大家注意除了別的東西以外，從過去時代七零八碎的哲學來組成文化的這些條件，這不是不常見的事情。例如，貝克特(Samuel Beckett)因爲警惕我們，在仰賴我們的「常識」當中，意識形態是看來「免不了的」這點，而跟他的許多作品所「浸淫」的那種笛卡兒的意識形態(在布萊希特 Bertolt Brecht 所說的意義下——跟阿圖塞的非難或者「異化」這個詞語的用法並不相符)「保持」了距離。但是坦白說，有人指望我們分享奧登詩中「內容」的眞理；然而它有點顯得滑稽。反覆出現的「and」(「並」、「而」)以尖銳的筆觸描繪出資產階級的人的輪廓；整首詩似乎想表明它自己平易近人的能力，對它自己的清晰和濃縮津津樂道。我們對它整個能這樣輕快地被表現出來，感到很驚奇(而且它本來也準備讓我們感到很驚奇——這是這首詩的**一部份**)。**但是這樣一種效果全靠我們對它的一切已經知道**。總之，被增添到「內容」上去的東西是提醒我們注意它自己已爲人所知的這一點：即使我們已經接受了意識形態的眞理，但還是**要注意它作爲意識形態的性質**，在這個意義上，保持距離是很重要的。

「意識形態的存在與個人作爲主體的呼叫或建構是同一件事情。」作者在這首詩內部的立場，是教師，即深知事理者的立場，但是跟不具人格的理智聲音等同起來，不能夠像在十八世紀那樣避免自嘲的暗示。但是分析的信心被有意識地誇大了，使得我們不單是要承認這首詩的眞理，而且要像沙特的觀淫癖患者那樣，把我們自己的嘴巴馬上封住，承認這首詩的眞理。

然而，這表明另一種有趣的分裂——一方面是人總是主體的這一意識形態，另一方面是這首詩的冷靜語調，堅持在詩句的構造上以主體的不在場、以人稱代名詞的替代來提醒我們注意主體。哲學是人道主義的；它是我們所熟悉的，因爲它是跟我們、跟人和「他的領域」有關的。阿圖塞屬於羅伯—格里耶(Alain Robbe-Grillet)這一代人，這一代人中有一些作家認爲，他們的任務就是要進一步探究這種分裂的可能性，以便使用他們的藝術來達到這樣一個荒唐的(但不是非人的)目的，即(「**爲我們**」)創造出像希臘式的墳墓的東西，監視著有熱血的人，而且跟有熱血的人對立著。

---

❶例如，James Harvey, "The Prison Notebooks of Gramsci," *in Marxism Today*, Vol. 15, No.12 (1971).

❷ Louis Althusser, *For Marx* (London: New Left Books, 1977), p. 98.引文中有漏段，跟原著有出入。——中文版譯者。

❸「在『歷史唯物主義』這個有點古怪的說法(因為我們並不用『化學唯物主義』的說法來指化學)中，唯物主義這個詞語既表示同歷史哲學的唯心主義實行決裂，同時又表示為歷史建立科學性。」阿圖塞，《列寧和哲學》，(台北：遠流出版公司，一九九〇年)，頁四七。

❹ Louis Althusser, *op. cit.,* p. 251.

❺ *Ibid.,* pp. 13-14 和阿圖塞，前揭書，頁四五以後。

❻同前揭書，頁四七。

❼ Nicos Poulantzas, "Marxist Political Theory in Great Britain," *in New Left Review*, No. 43 (May 1967).

❽阿圖塞，前揭書，頁二一七。

❾ *"Theorie"*叢書筆者後面的介紹，轉引自 Ben Brewster, "Presentation of Althusser," *in New Left Review,* No. 41 (January 1967), p.12.

❿阿圖塞，前揭書，頁四六。

⓫同前揭書，頁二一二。

⓬同前揭書，頁二二〇。

⓭同前揭書，頁二二五。

⑭ Louis Althusser, *For Marx* (London: Allen Lane, 1969), p. 253.（版本內容與一九七七年版有出入）

⑮ Galvano della Volpe, *Unanesimo Positivo e Emancipazioni Marxista* (Milan, 1963), trans. G. Merkin（尙未出版）。

⑯ Edmund Wilson, *To the Finland Station* (New York: Farrar, 1940), pp. 190-191.

⑰阿圖塞，前揭書，頁一五六。

⑱同前揭書，頁一八七。

⑲同前揭書，頁二一五。

⑳在阿塞圖那裡也許叫「間接提到」(alludes to)（參看後面）。這個用語也是阿多諾(Theodor W. Adorno)的，廸米玆(Peter Demetz)把他特別關心的問題說得很淸楚，見 Peter Demetz, *Marx, Engels and the Poets* (Chicago: University of Chicago Press, 1967), p.235：阿多諾尤其關心藝術形式的社會含義；値得注意的是，他並不特別看重把文學比作社會鏡子的傳統隱喩。這一陳腔濫調已被粉碎：歷史的和哲學的東西「被沈澱了」(sediementiert)，而藝術作品的形式「令人想起」社會學的關係，或者說跟社會學的關係「趨於相同」。

㉑阿圖塞，前揭書，頁一九〇、一九一、一九二。

㉒同前揭書，頁二四一。

㉓ Louis Althusser, *For Marx,* p. 109.（本註引的是一九七七年版）

㉔阿圖塞，前揭書，頁二四二。引文部份作者引述得並不正確，其中有漏段和扭曲原意的地方。——中文版譯者。

㉕ Frank Raymond Leavis, "The Novel as Dramatic Poem (VII): *The Rainbow* (I)," in *Scrutiny,* Vol. XVIII, No.3 (1951-1952), p. 200.

㉖提到利維斯另有價值，因爲利維斯與阿圖塞一樣，常常被指責爲「頑固的教條

主義」。兩者都想要提供能確定一個中心的批判性解讀，而間接的方式(正如常常在別人那裡一樣)是所使用手段的一部份。我們在阿圖塞於《保衛馬克思》開頭部份評論解讀作品的這一背景中，可以加以反省。阿圖塞是想要做出關鍵性的**區分**，關於「異化」這個詞語在《資本論》中出現多少次的「學術上的」反對意見，也和利維斯相類似的反對意見一樣，大體上是毫不相干的。不過，這也不失爲加強學術性的好主意。劉易斯說阿圖塞沒有提到《大綱》，這是完全不對的——請看阿圖塞，前揭書，頁九三：「一八五七年～一八五九年的《政治經濟學批判大綱》本身打著黑格爾思想的深刻印記，因爲在一八五八年馬克思懷著驚嘆的心情重讀了《大邏輯》(*Logic*)。」當然，在別的地方還有。不管怎麼樣，劉易斯的確從不引用阿圖塞的話，只是憑傳聞說話，難怪他毫不費力造出這樣的流言：「這樣說完全是神話——」；「阿圖塞又錯了」；「情況並非如此——」等等。

㉗ W. H. Auden, *Collected Shorter Poems* (London)。這組詩原來叫做《在戰時》(*In Time of War*)。

5
答劉易斯(自我批評)

阿圖塞

下面是對《今日馬克思主義》一月號和二月號分兩次刊出的劉易斯的一篇文章的回答。作者同意譯者洛克(Grahame Lock)加少量註釋，就某些問題爲英國讀者作些說明。小標題也是譯者加的。譯文和註釋都經作者過目過。

第一部份

一、永遠不要忘記階級鬥爭!

我想謝謝《今日馬克思主義》發表劉易斯評我所寫討論馬克思主義哲學這些書(即一九六五年在法國出版的《保衛馬克思》和《解讀〈資本論〉》的文章。劉易斯以一種特別的方式，就是以醫學專家對待病人的這種方式來款待我。在劉易斯大夫俯身下去細察「阿圖塞的病例」❶的時候，可以說全家人都沈默得一動也不動地站在床的旁邊。他做出這樣的診斷，一種很沈重的診斷：病人遭到嚴重的「教條主義」這種病魔的侵襲。預期後果同樣不太樂觀：病人活得不久。

給我這種關懷是一種榮幸。但是這也給我提供一個機會，在事隔十二年之後來澄清某些問題。因爲我第一篇關於「青年馬克思」問題的文章(重印於《保衛馬克思》中)實際上是在一九六〇年問世的，而我現在寫作的時間是一九七二年。

哲學和政治

自一九六〇年以來，歷史的這座橋下大量的河水川流不息地流過。工人運動經歷了許多重大事件。它看到了中國的無產階級文化革命(一九六六年～一九六九年)。它看到了世界史上最大的工人罷工——一千萬法國工人歷時一個月的罷工(一九六八年五月)，以及作爲它的「前景」並「伴隨著」它的法國大學生和小資產階級知識份子中的重要的意識形態反抗。它看到了捷克被華沙公約國家的軍隊占領。它看到了愛爾蘭的戰爭等等。文化革命和一九六八年五月都在整個資本主義世界產生了意識形態和政治的反響。

以後見之明能判斷事情判斷得更好。隨著寫我收在那兩本書中的文章和現在之間的時期——十二年、十年、七年——消逝，我們能夠回顧看一下，而且更清楚地看出是對了還是錯了。這實在是一個絕佳的機會。

就此而論正好有一個小問題。劉易斯在他的文章中從來都沒談到工人運動的這段政治史。我在《保衛馬克思》中，即在一九六五年，已經談到史大林、蘇共二十大和國際共產主義運動的分裂。而劉易斯卻描寫成好像史大林從未存在過，好像二十大、國際共產主義運動的分裂從未產生過，好像無產階級文化革命、捷克被占領、愛爾蘭的戰爭等等，也是一樣。劉易斯是一個純潔的人，他比較不喜歡談論像政治這樣具體的事物。

當他在談論哲學的時候，他就只談論哲學。如此而已，就完全打住了。

應該指出的是，這就恰好是我們的資產階級社會大多數所謂「哲學教授」幹的事情。最不像是他們所想談論的東西就是政治！他們寧可談哲學，就打住了。這正好是列寧爲什麼會引用狄慈根(Josef Dietzgen)的話，來稱他們是資產階級國家「有學位的奴才」的原因❷。他們淪落到何等可憐的景況啊！因爲從柏拉圖(Plato)以來，所有歷史上偉大的哲學家都是談論政治的。甚至大資產階級哲學家——不僅唯物主義者是這樣，甚至像黑格爾這類唯心主義者——也都是如此。他們或多或少地都承認搞哲學實際上就是在理論領域中搞政治。而且他們有勇氣公開地搞他們的政治，**談論政治**。

謝天謝地，劉易斯把這一切都改變了。劉易斯和我們在一九七二年都是馬克思主義者，但卻不感覺到有必要談論政治。就讓某人把這種政治挖出來談吧。

但是對《今日馬克思主義》給予哲學討論以一個重要的地位，我應當表達我的感激之情。這樣做是完全正確的。不祇是恩格斯而且史大林本人也曾經做過這點，當然列寧亦復如此。而且一如我們所知，葛蘭西和毛澤東也都曾認爲：工人階級在階級鬥爭中**需要哲學**。工人階級需要的不僅是馬克思主義的歷史**科學**(歷史唯物主義)，而且也是馬克思主義的哲學(辯證唯物主義)。爲什麼呢?

我想利用一種提法來回答這個問題。我(個人)冒昧地把它這樣說出來：原因就是**哲學歸根到底❸是理論領域中的階級鬥爭**。

這一切完全是正統的。恩格斯在一八七四年他寫的《德國農民戰爭》(*The Peasant War in Germany*)的序言補充說明中提到，有三種形式的階級鬥爭，列寧在《怎麼辦？》中就引證過這種論點。這種階級鬥爭不祇有經濟形式和政治形式，**而且也有**理論形式。或者如果你高興的話還可以說，同樣的階級鬥爭是存在著的，因此必然由無產階級在經濟、政治和理論領域進行這場鬥爭。當階級鬥爭是在理論領域中進行的時候，階級鬥爭就是所謂的**哲學**。

那麼有人會說，這一切都不過是詞語而已。但是這話說得不對。這些詞語是在理論領域中的階級鬥爭的**武器**。而且由於這是整個階級鬥爭的一部份，由於階級鬥爭的最高層次就是**政治的**階級鬥爭，因此，哲學中所用的這些詞語也就是**政治**鬥爭的武器。

列寧曾經寫道：「政治是經濟的濃縮表現」。我們現在可以補充說，哲學是政治的濃縮表現❹。這是一種「概括性」的提法。不要緊！這種提法把它的意義表達得正好。

在哲學中所發生的一切事情歸根到底不僅在哲學中會有政治後果出現，而且在**政治中**即政治的階級鬥爭中也會有政治後果跑出來。

我們等一下會說明爲什麼是這樣。

當然，由於我引證恩格斯和列寧來支持我的觀點，劉易斯肯定會再一次說，我是像「捍衛困難重重的正統的最後一位鬥士」那樣說話。好吧！我正是捍衛正統、捍衛那種稱作馬克思和列寧理論的正統的鬥士吧。那這種正統是不是「困難重重」呢？是的，現在是而且從它誕生以來已經就是這樣。而且這些重重的困難是一些資產階級意識形態的威脅所造成的困難。劉易斯會說，我是「在做沒人理睬的叫囂」(crying in the wilderness)。是這樣嗎？不，不是！

因爲當共產黨人是馬克思主義者的時候，以及當馬克思主義者是共產黨人的時候，他們是**決不會**做出沒人理睬的叫囂。即使當他們只是孤單一個人的時候。

爲什麼是這樣呢？我們來看看。

爲此我把我的立場擺在馬克思主義的這種理論基礎上，即在它符合馬克思和列寧的理論這個範圍而言，眞正是「正統的」這個基礎。而且也正是在這個基礎上，即在像恩格斯和列寧說過的，需要在理論領域進行階級鬥爭，以及我在本文中提出的哲學定義：**哲學歸根到底是理論領域中的階級鬥爭**的這個基礎上，我想跟劉易斯討論一下，同時討論一下我自己過去的錯誤。

爲此我要撇開所有相當魯莽的評論，其中有些是屬於「心理學上的」，這些話劉易斯在他的文章末尾認爲值得就**阿圖塞的「整個生活和著述的風格」**提一下。例如因爲阿圖塞「使用鉅細靡遺的、極端教條主義的方式論證」，就是說使用一種使劉易斯認爲與其說是那些屬於中世紀偉大哲人的經院哲學家的方式，還不如說是不能超越引註水平的那些**學究**、評論評論家的人、愛做哲學無謂分析的人的方式來論證，對此劉易斯感到非常憂慮、非常不安、很不舒服——他眞是優秀的「人道主義者」呢！謝謝您啦！但是的確，這種論證在共產黨刊物上進行的共產黨人之間的辯論是沒有地位的。我不會跟著劉易斯步入這個領域。

我是把劉易斯當作一個同志，當作一個兄弟黨即英國共產黨的一名戰士來看待。在面對著工人運動史時，在面對馬克思和列寧的理論和實際的努力時，由於無產階級國際主義的關係，所有的共產黨都是平等的。所有它們的戰士也都是平等的。

我會盡量清楚淺顯，用所有這樣的戰士都能夠理解的方式來說話。

爲了不使我的答覆過於冗長，我只會挑那些從政治上來說，對我們一九七二年的今天最爲重要的理論問題。

二、令劉易斯煩惱的是什麼?

爲了理解我的答覆，讀者顯然必須知道在劉易斯對我的「哲學著作」所作的「徹底」批判當中，他基本上拿什麼來對付我。

我們可以用幾句話把劉易斯的觀點總括如下。

劉易斯認爲:

1. 我不懂馬克思的**哲學**。

2. 我不懂馬克思思想**形成**的歷史。

總之，他指責我不懂**馬克思主義的理論**。

這是他的權利。

我將依次考慮這兩點。

三、

第一點：**阿圖塞不懂馬克思的哲學**

爲了說明這一點，劉易斯使用了一種非常簡單的方法。他先詳細說明他所理解的馬克思的**眞正**哲學。然後，他把阿圖塞的解釋拿來跟這種哲學比較！好像你就必須把它們比較一下，看看差別！

好吧，讓我們跟隨我們的馬克思主義哲學嚮導，看看劉易斯是怎麼總結他自己對馬克思的看法。他以三種我打算把它們稱之爲三個**論點**的提法，來總結他的看法❺。

劉易斯是怎麼看馬克思的

1. **第一個論點：是人創造了歷史。**

劉易斯的**論據**：不需要論據，因爲它顯而易見，完全不言而喻，人人都知道。

劉易斯的**例證**：革命。是人創造了革命。

2. **第二個論點**：人是經由「否定的否定」，**經由把現有的歷史重新加以創造**，「超越」現有的歷史的辦法，來創造歷史的。

劉易斯的**論據**：既然是人創造了歷史，那麼爲了創造歷史，人就必須改造他已經創造出來的歷史(因爲是人已經把歷史創造出來了)。改造人已經創造出來的東西，就是「超越」這個東西，就是否定現有的東西。而且因爲現有的東西就是人已經創造出來的歷史，那麼這種歷史就是已經被否定的歷史。因此，創造歷史就是「否定這個否定」，而且無止境的這樣下去。

劉易斯的**例證**：革命。創造革命，人「超越」(「否定」)現有的歷史，本身就是對先於它而存在的那種歷史的這個「否定」。

3. **第三個論點**：**人只認識他自己所做的東西❻**。

劉易斯的**論據**：沒有論據，大概是因爲沒有篇幅。所以就讓我們爲他找出一個論據吧。他當時該拿科學這個例子，然後說科學家「只認識他自己所做的東西」，因爲無論是通過實驗或通過運算(數學)，他都是必須把他的證據找出來的人。

劉易斯的**例證**：沒有例證。所以讓我們提一個例子吧。劉易斯該拿**歷史**作個例子：人的歷史的知識，是從是他創造歷史的人的這一情況產生出來的。這像是維科(Giambattista Vico)的論點：*Verum factum* ❼。

劉易斯的一點小小的麻煩

接下來的這些就是總結劉易斯關於馬克思哲學觀點的三個論點：

第一個論點：是人創造了歷史。

第二個論點：人是通過超越歷史的辦法來創造歷史的。

第三個論點：人只認識他自己所做的東西。

這都非常簡單。誰都「懂」得這些牽扯到的詞語：**人、創造、歷史、認識**。只有一個詞語稍微複雜一點，是一種「哲學家的」詞語，這就是「超越」或「否定的否定」。但是，如果劉易斯願意的話，他也能把同樣的東西說得更簡單一些。不說：人通過「否定的否定」在超越歷史當中創造了歷史，他可以說，人通過「改造」歷史的辦法來創造歷史等等。這不是更簡單嗎?

但是仍然還有一點小小的麻煩在。當劉易斯說是人創造了歷史時，每一個人都理解。或者更確切地說，每一個人都以爲自己理解了。但在這是一種解釋得稍爲深入一點的問題時，在劉易斯誠實地把「人在創造歷史時人**創造**了些**什麼東西**?」這個問題拿來問他自己時，你就會發現，正是在一切看來似乎都簡單的地方出現了很難理解的問題，正是在一切看來似乎都清楚的地方有一種難以理解模糊不清的東西。

什麼東西模糊不清呢? 「是人創造了歷史」這個論點中的那個微不足道的詞語——**創造**(*make*)。當我們談到**歷史**時，**創造**這個微不足道的詞語可能會有什麼意思呢? 因爲當你說「我犯了一個錯誤」(I made a mistake)或者「我做了一次環球旅行」(I made a trip around the world)時，或者當一個木匠說「我做了一張桌子」(I made a table)等等時，每一個人都知道 *make*(犯、做)這個詞語意思是什麼。這個詞語的意義根據用法而發生變化，但是在每個場合我們都能很容易說明它的意思是什麼。

例如，當木匠「做」(make)一張桌子時，那表示他把桌子**製造**出來。但是**創造**(make)歷史呢? 那意思會是什麼呢? 而且創造歷史的這個**人**，就是像黑格爾慣常說的那種「個體的類」(Species of individual)，你認識這個人嗎?

於是劉易斯著手工作了。他並沒有試著想避開這個問題：他面對著這個問題。而且他把這件事情做了一番解釋。他告訴我們說：就歷史而言，「創造」(make)意思就是「超越」(否定的否定)，意思就是以超越的方式改造現有的歷史的原料。到此爲止，一切都還不錯。

但是「做」(make)桌子的木匠，他面前也有一塊「原料」，即木頭。他把木頭改造成一張桌子。不過劉易斯絕不會說這個木匠爲了用木頭「做」一張桌子而「超越」了木頭。他是對的。因爲如果他那樣說的話，那麼第一次出現的這個木匠和世界上所有其他的木匠以及所有其他的勞動者，都會叫他帶著他的「超越」捲著舖蓋走路。劉易斯是**只**把「超越」這個詞語(否定的否定)用在歷史上。爲什麼呢? 我們必須把這個答案找出來，因爲劉易斯本人沒有提出任何解釋。

按我的看法，劉易斯緊緊抓住他的「超越」不放，是由於下述原因：因爲歷史的原料**已經是歷史**。木匠的原料是**木頭**。但是「做」桌子的木匠絕不會說**他就是「做」了**木頭**的人**，因爲他知道得很淸楚，木頭是大自然生產出來的。在一棵樹能被鋸成木板賣出時，它首先必須在森林中成長起來，不管是在自己國內還是在赤道以南的幾千英里以外。

那麼在劉易斯看來，是**已經創造了**的人利用歷史**來創造**歷史。在歷史中，人生產一切：不僅他「勞動」的結果、產物是歷史，他所改造的**原料**也是歷史。亞里士多德(Aristotle)說過，人是有兩條腿、能思考、會說話同時也是政治的動物。富蘭克林(Benjamin Franklin)也說過馬克思在《資本論》中引用過的這樣的話：人是「製造工具的動物」。劉易斯完全是與亞里士多德或馬克思有別的另一個階級的哲學家。劉易斯說，從誇大的意義來說，人不僅是製造工具的動物，而且也是創造歷史的動物，因爲人**創造一切**：他「創造」了原料，創造了生產工具（劉易斯對這點保持沈默——而且理由充分！因爲不然的話，他就一定要談到階級鬥爭，他的「創造歷史的人」連同整個體系將一下子消失掉）。同時他也創造了最終產品：歷史。

一個微不足道的人類的上帝

你知道普天之下有那一種存在物有這種力量嗎？知道——在人類文化的傳統中有這種存在物存在著，那就是**上帝**。只有用原料「創造」世界的上帝才「創造」出原料來。但是有一個很重要的差別。劉易斯的上帝不是置身於歷史**之外**：他是置身於它的內部。而且正是因爲劉易斯這個微不足道的人類的上帝——人——**置身**於歷史**內部**（像我們善良的沙特慣常說的，「置身於形勢裡頭」*en situation*），劉易斯才不賦予他以絕對創造的力量（當一個人創造一切時，相對說來這是容易的：沒有任何限制！），而是賦予他以某種甚至更令人驚愕的東西——即能夠無限地**揚棄**人**在裡頭**活著的那個歷史的「超越」的力量，也就是利用人的自由來超越歷史的這個力量❽。

劉易斯的人是一個微不足道的世俗的上帝。他像所有活著的存在物一樣，是「身陷」於現實，但是具有能夠隨時跨出那個現實，能夠改變它的性質的神奇力量。一個微不足道的沙特式的上帝總是「**置身於**」歷史的「**形勢裡頭**」，具有「超越」一切形勢、解決所有歷史呈現的難題，向著人道和社會主義革命的黃金未來前進的驚人力量：人是一種**自由的**動物。

如果你不是哲學家的話，請原諒我所講的這一切。我們哲學家很熟悉這類議論。而我們共產黨人的哲學家都知道，這種哲學上的陳腔濫調一向會有它政治的後果跑出來。

在哲學中談論「超越」的頭一批人，是柏拉圖學派(即柏拉圖派和新柏拉圖派的哲學家)這些唯心主義的宗教哲學家。他們迫切需要「超越」這個範疇來建立他們哲學或宗教的神學，這種神學在當時是**奴隸**國家的官方哲學。不需要再多說。後來在中世紀，奧古斯丁派(Augustinian)和托馬斯派(Thomist)的神學家們又撿起這個範疇，把它納入爲教會和封建國家服務的體系中(教會的意識形態國家機器是封建國家的頭號意識形態國家機器)。不需要再多說。

晚近，隨著資產階級的興起，「超越」的概念在黑格爾哲學中獲得了一種新的作用：範疇是同一個，但是被用「否定的否定」這種面紗「包」起來了。這一次它是替資產階級國家服務。它簡直就是**資產階級自由**的**哲學名稱**。就它跟封建「超越」的哲學體系的關係來說，當時它是革命的。但它是**百分之百的資產階級範疇**，至今依然如此。

從那以後，沙特在他「置身於形勢裡頭」的人的理論中又一次撿起同一種觀念，撿起了**資產階級自由**的這個**小資產階級**觀點。而沙特不是唯一幹這種事的人，因爲「超越」甚至從他早期起就已在例如大量無論反動還是先進的神學家中盛行，甚至在德國和荷蘭、西班牙和拉丁美洲的「紅色」神學家中盛行。資產階級不再需要相信——而且不管怎樣有三十年**不再能夠**相信他的自由無所不包。除了小資產階級的知識份子：小資產階級的知識份子是相信的！**他的**自由越遭到帝國主義的發展粉碎和否定，他就越推崇那種自由(「超越」、「否定的否定」)的力量。「覺悟的」小資產者只有當他**抗議**時才以其完美的形式存在著。小資產階級的意識形態專家是一種抗議的動物！

在一九七二年的現在，輪到劉易斯在英國共產黨理論刊物上舊調重彈。假如我可以這樣說的話，那麼他盡可以放心：他確實不是做沒人理睬的叫嚣！他不是唯一撿起這個話題的人，他有許多共產黨人做陪❾。每一個人都知道。但是從一九六〇年代以來，這麼容易看到共產黨人熱中於把這個用爛的小資產階級自由哲學重新拿出來用，而且還自稱是**馬克思主義者**，爲什麼竟會是這樣呢？

我們應該看看。

四、馬克思主義關於歷史是怎樣說的？

但是首先，我要像劉易斯那樣做。我要把他的「馬克思主義」論點跟馬克思列寧主義的論點加以比較。而且每個人都能夠看出差別並作出判斷。

我要按劉易斯的排列順序仔細檢察這些論點。那樣事情會更清楚。我採用他的排列順序，是向他做很大的讓步，因爲他的排列順序是唯心主義的。但是我們會幫他一個忙。

要理解下面的內容，請注意，就每一個論點（第一、第二、第三）而論，我開始都是先把劉易斯的論點覆述一遍，然後再陳述馬克思列寧主義的論點。

1. 第一個論點

劉易斯：是人創造了歷史。

馬克思列寧主義：是群衆創造了歷史。

這些「創造歷史」的**群衆**是什麼人呢？在階級社會中，他們是**被剝**

削的群衆，也就是一些被剝削的社會階級、社會階層和社會類型，它們聚集在那個**能夠**在反對掌握國家政權的宰制階級的一種運動裡把它們團結起來的被剝削階級四周。

能夠這樣做的被剝削階級並不總是**最受剝削的**階級，或**最貧苦的**社會「階層」。

例如在古代，從「創造」這個術語誇大的、政治意義上來說，不是奴隸「創造」了歷史(除開幾個時期——斯巴達卡斯 Spartacus)而是「自由」人當中的最受剝削的階級(在羅馬是城市或農村的「賤民」)⑩。

同樣的,在資本主義制度下,是一如馬克思所稱的「流氓無產階級」把最貧苦的人們聚集在一起。但是，它不是一個階級，肯定不是那個在資本主義生產中**被剝削的階級**，即無產階級。正是在**無產階級**的四周，你會發現，聚合著「創造歷史」、正要「創造歷史」的群衆——這是說，他們正要進行將在世界帝國主義鎖鍊「最薄弱環節」爆發的革命。

針對劉易斯的論點(是人創造了歷史)，馬克思列寧主義總拿群衆創造歷史的這一論點來跟它對抗。在資本主義制度下，我們可以把**群衆**定義爲那批被剝削的**階級**、階層和類型，它們聚集在那個**在大規模生產中**被剝削的階級周圍，它是能夠把它們團結起來，領導它們去反對資產階級國家的唯一的階級。把這兩個論點比較一下吧。

2.第二個論點

劉易斯：人是通過「超越」歷史的辦法來創造歷史的。

馬克思列寧主義：階級鬥爭是歷史的原動力(一八四七年《共產黨宣言》的論點)。

這裡事情變得極其有趣。因爲馬克思列寧主義粉碎了劉易斯的整個哲學體系。是怎麼粉碎的呢？

劉易斯說：是人創造了歷史。馬克思列寧主義回答說：是**群衆**。

但是如果我們不再往前走，我們會給人一種印象，彷彿馬克思列寧主義是對**同一個**問題提出**不同的**答案。那個問題是：**誰創造了**歷史？因此這個問題就假定歷史是一個**主體**行動的結果，是那個主體所做的東西。在劉易斯看來，這個主體是「人」。在馬克思列寧主義看來，這個主體就該是群衆。

既是又不是。當我們開始給群衆勾勒一種定義的時候，當我們談到群衆這個觀念的時候，我們看到這整個問題相當的複雜。群衆實際上是**一些**社會階級、社會階層和社會類型，它們聚集**在一起**的方式既複雜又**不斷變化**（不同的階級和階層的立場以及階級內部階級派系的立場，是隨革命過程本身的方向變化）。而且我們是正在討論數目極其龐大的，例如，在擁有幾千萬人的法國或英國，在擁有好幾億人的中國裡的那些人！有誰還能說，我們是正談論一個**主體**呢？跟劉易斯的「主體」比較一下，劉易斯的「人」就像你能想像的那麼單純和純潔，而被認爲是主體的群衆則產生了認同和確證的這些嚴謹的問題來。主體是這樣一種存在物，我們不妨可以先這麼說它：「這個就是！」在群衆應該是「主體」時，我們該怎麼辦呢？

正是《共產黨宣言》的論點（階級鬥爭是歷史的原動力）使這個問題明朗化，向我們表明如何正確地把問題提出來，因而如何來解決這個問題。

是群衆「創造」了歷史，不過「階級鬥爭是歷史的原動力」。劉易斯的問題：「人怎樣創造歷史？」，馬克思列寧主義是用把他的唯心主義哲學範疇拿完全不同的範疇換掉的辦法回答。

問題不再是按照「人」的思考角度提出來。這點我們都知道。但是在「階級鬥爭是歷史的**原動力**」這一命題中，「創造」歷史的這個問題也被取消了。就是說，它不再是尋找歷史的「主體」的問題了。它不再是**誰**創造歷史的一個問題了。

馬克思列寧主義於是告訴我們完全不同的事情：**階級鬥爭**(新概念)是歷史的**原動力**(新概念)，階級鬥爭推動歷史向前進。這個論點非常重要，因爲**它把階級鬥爭擺在第一位**。

階級鬥爭的絕對第一性

在前一個論點即「是群衆創造了歷史」中，強調的是(1)聚集在那個能夠把它們團結起來的階級周圍的被剝削階級，和(2)它們進行革命的歷史變革的力量。因此是群衆被擺在第一位。

在從《共產黨宣言》取來的那個論點中，被擺在第一位的不再是被剝削階級等等，而是階級鬥爭。這個論點對馬克思列寧主義具有決定性的意義。它在革命派和改良派之間劃出一條基本的分界線。

在改良派看來(即使他們自稱爲馬克思主義者)，居第一位的不是階級鬥爭，而只是階級。讓我們舉一個簡單的例子，並且假定我們恰好正在討論兩個階級。在改良派看來，這兩個階級在階級鬥爭**之前**就存在著，有點像兩個足球隊在比賽之前就分別存在一樣。每個階級存在於它自己的營壘中，按它特殊的存在條件生活。一個階級可能正剝削著另一個階級，但是在改良主義者看來，那和階級鬥爭不是同一回事。有天兩個階級彼此碰到一塊，發生衝突。它們開始肉搏，戰鬥越來越劇烈，最後被剝削的階級打敗了自己的敵人。這就是革命。不管你如何把事情翻來轉去，你在這裡總會發現同一個觀點：階級在階級鬥爭**之前**就存在著，**跟**階級鬥爭**沒有關係**。階級鬥爭只是**後來**才存在。

在另一方面，**革命派**則以爲，不可能把階級與階級鬥爭分割開來。階級鬥爭和階級的存在是同一回事。爲了使在「社會」中有階級，必須把社會**劃分**爲階級：這種劃分就是一個階級被另一個階級剝削。因此它就是階級鬥爭。因爲剝削就已經是階級鬥爭。因此，如果你想要理解階級劃分和階級的話，你就必須從階級鬥爭開始。**必須把階級鬥爭擺在第一位**。

但是，那意味著，我們的第一個論點（**是群衆創造了歷史**）必須按照第二個論點（**階級鬥爭是歷史的原動力**）來解釋。那意味著，群衆的革命力量正是來自**階級鬥爭**。那意味著，如果你想要理解世界上正在發生的事情，只著眼於被剝削的階級是不夠的。你也必須看剝削階級。說得明白一點，就是你必須越過足球賽的觀念，即兩個對立階級團體的觀念，**不祇**是把階級存在的基礎而且也把階級之間對立的存在基礎（即**階級鬥爭**）都拿來考察一番。階級鬥爭絕對優先（馬克思、列寧）。永遠不要忘記階級鬥爭（毛澤東）。

那麼階級鬥爭就不是在空中進行的，也不是在像足球場這樣的場所進行的。它是紮根在一定階級社會的生產和剝削方式之中的。因此你必須考慮階級鬥爭的**物質基礎**，即階級鬥爭的物質存在。這種物質性是一定生產方式的生產關係和生產力在具體的歷史社會形態中的統一體，它同時也是階級鬥爭的「基礎」（馬克思）和它的物質存在。馬克思列寧主義表現在著名的基礎、「經濟」、階級剝削的階級鬥爭論點裡的，以及表現在一切階級鬥爭形式都是紮根於經濟的階級鬥爭的論點裡的，就是這一深刻的眞理。

這點淸楚以後，歷史「主體」的這個問題就消失了。歷史是運動中的一個龐大的**自然和人的**系統，而歷史的原動力是階級鬥爭。歷史是一種過程，而且是一種**沒有主體的過程**⓫。

關於「**人創造**歷史」是如何創造的問題完全消失了。馬克思主義理論把它留給資產階級的意識形態。

而且「超越」及其主體即人的概念的「必要性」，也跟它一起消失了。

這不是說，「人」，個體的人消失了。因爲社會階級是由人的個體構成的。但是這些階級肯定不僅僅是所有那些個體「加在一起」。它們有**物質的**存在條件。這並不意味著政治**行動**的問題消失了：因爲階級鬥爭歸根到底是**實踐的**，這意味著它是有組織的群衆爲奪取和固守政權而進行的鬥爭。這也並不意味著革命政黨的問題消失了，因爲沒有這樣的政黨，由無產階級領導的被剝削群衆就不可能奪取政權。

但是它的確意味著，「個人在歷史中的作用」、革命政黨的存在、性質、目標和實踐，不是由「超越」，即由「人」的自由意志決定的。它們是由階級鬥爭、工人運動的狀況、由這個運動的意識形態(小資產階級的或是無產階級的)、由它的組織形式以及它與階級鬥爭的科學理論即馬克思主義理論的關係決定的。所有共產黨人都知道這一點。

3.第三個論點

劉易斯：**人(*man*)只認識他自己所做的東西**。

馬克思列寧主義：**人(*one*)只能認識存在著的東西**。

很大的差別！在劉易斯看來，人只認識他自己「做」的東西。在辯證唯物主義、馬克思列寧主義哲學看來，人只能認識**存在著**的東西。這是基本的唯物主義論點：存在先於思維的第一性。

在哲學中我們必須從這裡出發。

唯物主義和科學

這個論點同時是關於存在、關於物質性和關於客觀性的一種論點，它不僅意味著，人只能認識**存在著**的東西，而且意味著，存在著的東西既是**物質的**（即跟能夠認識它的思維的「**精神**」性質有別的），又是**客觀的**（即獨立於認識它的主觀性之外而存在著）。

這當然並不意味著，馬克思主義哲學否定思維的「能動性」，否定實際的科學工作、自然科學實驗的工作或政治工作（對馬克思主義者說來即無產階級的階級鬥爭）所代表的歷史實驗的工作。相反！馬克思和列寧甚至說，某些唯心主義哲學家（例如黑格爾）對這種能動性原則的理解勝過了某些唯物主義哲學家。我們就這樣「進入」了馬克思列寧主義哲學的辯證論點。但是——而且正是在這裡，它基本上與劉易斯不同——馬克思列寧主義一向**使辯證論點從屬於唯物主義論點**。由於科學工作，我們才能認識存在著的東西。但是我們向來只能認識**存在著**的東西。認識某物與「創造」或「做」某物，並不是同一回事。

就自然界而言，沒有任何問題。誰會爭辯說是人才「創造」了他終於認識的自然界呢！只有唯心主義者，或者更確切地說，只有那種把上帝的萬能賦予人的瘋狂的唯心主義者。甚至唯心主義者一般也不這麼愚蠢。

但是歷史怎麼樣呢？我們知道，「是人創造了歷史」的這個論點確實毫無意義。然而，在歷史因爲是「人的」從而較自然**更易於**理解的這一想法中，仍然有一丁點意義。維科就是這樣想的。

那麼說，在這點上馬克思列寧主義是明確的。歷史也和自然一樣難於理解。或者說得更恰當點，它甚至更難於理解。爲什麼呢？因爲

「人們」總是以爲他們理解它，因爲每一個統治的剝削階級都按照它的意識形態形式，給他們提供「它」的歷史解釋；它的意識形態是占主導地位的，是爲它的階級利益服務的，而且也使「人們」繼續接受它的蹂躪。

看看中世紀吧。教會給所有的人——首先是被剝削的群衆——提供一種極爲簡單明瞭的歷史解釋。歷史是由上帝創造的，並且服從於上帝的律法或者追隨其目的。

看看十八世紀的法國吧。情況不同了：資產階級尙未掌權，它是批判的和革命的。它給每一個人(沒有階級差別，不僅給資產階級本身及其同盟者，而且也給它所剝削的人民)提供一種「淸楚的」歷史解釋：歷史是由理性推動的，它遵守法則或者服從於眞理、理性和自由的目的。

如果說歷史難於科學地解釋，那是因爲在眞實的歷史和人們**之間**總是**有一種**人民群衆自然而然相信的**歷史的階級意識形態解釋、一種歷史的階級哲學**。爲什麼呢？因爲這種意識形態是由統治階級或地位昇上來的階級灌輸給他們的，而且爲這個階級的剝削服務。在十八世紀，資產階級已經是一個剝削階級。

爲了能夠戳穿統治階級的這種意識形態和唯心主義的「煙幕」，必須有十九世紀上半葉的特殊環境：法國大革命後的階級鬥爭、第一次無產階級的階級鬥爭，**加上**英國的政治經濟學，**加上**法國的社會主義。這些情況的結果就是馬克思的發現。他是第一個向科學知識揭示歷史「大陸」的人。

但是在歷史中，正如在自然中一樣，人只能認識**存在著**的東西。在他認識的東西和他「做」的東西之間並沒有自動的關係。爲了能夠認識到眞正存在的東西，必須進行大量的科學工作和艱巨的實際鬥爭，這件事絲毫無損於這一點。人只能認識**存在著**的東西。

但是我們必須更進一步。你們會注意到，我說馬克思列寧主義的論點不是**人**(*man*)只能認識「存在著的東西」，而是「人(one)只能認識存在著的東西」。這裡「人」(man)這個術語也消失了。在這一點上我們應該說，科學的歷史也和所有的歷史一樣，是一個「**沒有主體的過程**」，科學知識(甚至當它是個別科學家的發現的時候)實際上是沒有眞正主體或目的的複雜過程的結果。馬克思主義的科學也是如此。是馬克思「發現」了它，但是是作爲一種把德國哲學、英國政治經濟學和法國社會主義結合在一起的複雜過程的結果，而且整個事情是在資產階級和工人階級鬥爭的基礎上進行的。所有共產黨人都知道這一點。

一般科學家們不知道這一點。但是如果共產黨人做好了準備，他們就能夠幫助說服科學家們(包括自然科學家，包括數學家)使他們相信科學史知識的眞相。因爲所有的科學知識都確實是一個沒有任何主體或目的的過程的結果。這無疑是一個難以理解的論點。但是它賦予我們非常重要的洞察力，不僅可以洞悉科學工作，而且也可以洞悉政治的鬥爭。

是的，它既有科學的效果又有政治的效果。

你們會記得我在上面提出的哲學的定義：哲學歸根到底是理論領域中的階級鬥爭。

如果說哲學是理論領域中的**階級鬥爭**，它就是政治的。它就有政治效果。但是，如果說它是**理論**領域中的階級鬥爭，它在科學中，而且也在某些意識形態中也就有理論的效果。它當然也在從「生產鬥爭」(毛澤東)到藝術等的一切其他人類活動領域中都有效果。

但是我在這裡不能什麼都談。我只想說，哲學作爲理論領域中的階級鬥爭，在政治中和在科學中，在政治實踐中和在科學實踐中，有兩種主要的效果。這一點，每一個共產黨人都知道或者應該知道，因爲馬克思列寧主義一直不停地重複說明這點和證明這點。

---

❶劉易斯的文章取名爲 *The Althusser Case*，他在結論中把馬克思主義比作醫學。

❷列寧，〈唯物主義和經驗批判主義〉，《列寧全集》，第十八卷，（北京：人民出版社，一九八八年），頁三五七。

❸我們必須總是補充一句：「歸根到底」，才不會使我的話遭人誤解。我要在別處說明，爲什麼一定要準確地這樣說，而不僅是說哲學是理論領域中的階級鬥爭，還要補充說**歸根到底**是這種情況。

❹參看註❸。阿圖塞這些提法可以跟他一九六九年在〈列寧在黑格爾面前〉一文中關於同一問題所提出的一些原理比較一下。見阿圖塞，《列寧和哲學》，（台北：遠流出版公司，一九九〇年），頁一三三～一三四：

「1.哲學不是科學，在科學有對象的意義上，它沒有對象。

2.哲學是一種以理論方式進行政治**介入**的**實踐**。

3.它主要是在兩個特別領域介入：起階級鬥爭作用的政治領域和起科學實踐作用的理論領域。

4.實質上，它本身是在理論領域裡由起階級鬥爭作用和起科學實踐作用的這一結合產生出來的。

5.因此，它以理論方式對政治實踐和科學實踐這兩個領域進行政治上的介入：

既然它本身是由這兩種實踐的作用結合產生出來的，這兩個介入領域就是**它固有**的領域。

6. 在宰制全部的哲學史的大辯論即唯心主義和唯物主義的辯論中，所有哲學都表達一種階級立場，一種『黨性』。

7. 唯心主義的哲學概念（哲學是一種『對世界的解釋』）雖然本身總是表示一種階級立場，却否認哲學表示階級立場。馬克思列寧主義在哲學中的革命就在於拒絕這種概念，並在哲學中採取唯物主義的無產階級立場，也就是創立一種理論階級劃分效果的、新的唯物主義的和革命的哲學實踐。

所有這些論點都可以在《唯物主義和經驗批判主義》中找到……。我只不過是開始更清楚地說明它們」。——英譯者註。

❺在一本《科學方法哲學教程》（*Philosophy Course for Scientists*）（一九六七年，即將出版）中，我提出下述定義：「哲學陳述了都是**論點**的那些假設」。它因此不同於科學：「科學陳述了都是**證明**的那些假設」。

❻參看劉易斯文章的第二部份，頁三三。劉易斯寫道，馬克思「並沒有給我們提供任何體系。要是他認爲體系必要的話，他肯定會建立起來的。他所惦記著的是意識、理解、可能性的發展，即實際社會形勢中的問題、機會和必要性。馬克思把這叫做**實踐**（*Praxis*），因爲它總是具體的，我們總是捲入其中並且行動，因此，當我們行動時我們思考著，思考時我們行動著。」——英譯者註。

❼ *Verum factum*：**「眞實的是已被做出的」**。維科（一六六八年～一七四四年）是義大利的歷史哲學家，以他的「人類新科學」而聞名。他聲稱，我們能夠認識社會世界，正是因爲是我們創造了它。他著有《新科學》（*Scienza nuova*）一書。——英譯者註。

❽我不知道劉易斯的個人的哲學歷程。但是我完全敢打賭，他對沙特有偏好。劉易斯的「馬克思主義哲學」事實上與沙特的存在主義的（蒼白的）模本有明顯的相

似之處，只是稍微黑格爾化了，無疑使它更易爲共產黨人的讀者所接受。

❾阿圖塞當然不是僅僅或者甚至專門指英國共產黨。他的論據是，他所勾勒的立場之間的鬥爭，是在或必然是在任何已經侵入到馬克思主義裡頭的那些他稱作**資產階級和小資產階級**論點的地方發生。——英譯者註。

❿我在這裡必須尊重馬克思主義歷史學家的判斷，不能肯定說，奴隸階級不管怎樣都不是悄悄地「創造歷史」，而是眞正地「創造歷史」。羅馬以小規模奴隸制到大規模奴隸制的過渡也許在這裡有歷史作用。

⓫我在一項稱作〈馬克思與黑格爾的關係〉的簡要研究(一九六八年二月)中提出了這個觀念。(見阿圖塞，〈馬克思與黑格爾的關係〉，《列寧和哲學》，阿圖塞，(台北：遠流出版公司，一九九〇年)，頁一〇七～一三二。

6
答劉易斯(自我批評)

阿圖塞

阿圖塞在他文章的第一部份談了劉易斯的哲學論點的內容❶。他現在談這種論點在科學中和在政治中的效果。

第二部份：哲學和修正主義

一

就讓我們通過把劉易斯的論點拿來跟馬克思列寧主義的論點加以比較的辦法，來證明這個關於哲學論點的科學和政治效果的問題。那就可以讓我們看出哲學是怎樣「起作用」的。

劉易斯的論點：是人創造了歷史。

馬克思列寧主義的論點：是群衆創造了歷史。階級鬥爭是歷史的原動力。

讓我們來看看這些論點的**效果**。

在科學領域的效果

當有人在一九七二年捍衛是人創造了歷史的這個論點的時候，就歷史**科學**而言那會有什麼效果呢？人們能利用它來產生某些科學的知識嗎？

事實上，這個觀點毫無用處。劉易斯沒有表明，我們怎樣能夠從中得出任何對教會以及我們階級鬥爭如何起作用可能有用的東西。你會說，在單獨的一篇文章中他沒有足夠的篇幅。那麼讓我們來看看他的大師沙特，來看看這位宣揚「人的自由」，宣揚人把自己投向未來(超越)，宣揚用他的自由「超越其世界地位」的這種「置身於形勢裡頭」的人的哲學家吧。這位著名的哲學家寫了兩部鉅著——《存在與虛無》(*Being and Nothingness*)(一九三九年)，然後是一部探討歷史和馬克思主義的書《辯證理性批判》(*Critique of Dialectical Reason*)(一九六〇年)。共有兩千多頁。那麼沙特是否設法利用「是人創造了歷史」的論點得出了某些科學的歷史知識了呢？這個論點是否讓他能夠得出會有助於我們在歷史中行動的科學知識呢？不，從中並未產生出**一丁點科學知識**。

可是有人會說：這個例子證明了與你關於哲學的論點相反的情況！因爲這種「人道主義」哲學對科學知識完全沒有效果。對不起！我認爲，劉易斯和沙特所捍衛的那種論點的的確確有一種效果：它們**妨礙現有的**科學知識的發展。它們是知識的障礙。它們不是促使它前進，而是**拉它倒退**。更確切地說，它們把知識拉回到馬克思和列寧做出科學發現和發展**以前**的狀況。它們把事物拉回到科學以前的狀況。

人類歷史上發生這種情況已不是第一次。例如，在伽利略之後半個世紀——即在物理學已作爲**科學**建立起來之後半個世紀——仍然有哲學家捍衛亞里士多德的「物理學」！他們攻擊伽利略的發現，要把對自然界的知識拉回到沒有成爲科學以前的亞里士多德式的狀況。現在不再有任何亞里士多德式的「物理學家」了；但是在別的領域可以看到同樣的過程。例如：現在有反弗洛伊德的「心理學家」。現在有反馬克思主義的歷史哲學家，他們的言行舉止，彷彿馬克思從未存在過，或者從未創立過一種科學。他們在個別方面可能是誠實的。他們甚至可能像沙特那樣想要「幫助」馬克思主義和精神分析學。但是重要的不是他們的主觀願望。重要的是他們的哲學在科學中的眞實**效果**。事實是，儘管沙特在馬克思和弗洛伊德**之後**才出現，但他還是一個馬克思**以前的**和弗洛伊德**以前的**意識形態專家。他不是去幫助發展馬克思和弗洛伊德的發現，而是把事情弄亂，使研究癱瘓。

哲學就是如此在科學中「起作用」的。哲學**或是**幫助科學產生出新的知識，**或是**力圖消滅這些進步，把人類拉回到科學不存在的時代去。因此哲學在科學中或是以前進的方式，或是以倒退的方式起作用。

你們能看到什麼是生死攸關的東西。說劉易斯或沙特所說的無助於我們產生出任何科學的歷史知識，是不夠的。甚至說他們所說的是一種「認識論上的障礙」(epistemological obstacle)❷(用巴歇拉爾Gaston Bachelard的術語)❸，也是不夠的。我們應該說，他們的論點產生出對科學知識極其有害的效果，即倒退的效果來，因爲它不是幫助我們在一九七二年來理解我們在馬克思所給予我們的知識中所擁有的偉大科學寶藏，而是讓我們一無所有。他們讓我們退回到黑格爾和費爾巴哈的美好時代去，退回到馬克思的發現以前、他的「認識論上的斷裂」❹以前的時代去。他們把一切都弄亂了，從而解除了革命的哲學家、理論家和戰士們的武裝。他們解除了那些人的武裝，因爲實際上他們使那些人失去一種不可取代的武器：階級鬥爭的條件、機制和形式的客觀知識。

馬克思列寧主義哲學的作用

如果你們現在看看馬克思列寧主義的論點——「是群衆創造了歷史」，「階級鬥爭是歷史的原動力」——對比就極爲明顯。這些論點是站在對**科學的**理解歷史的**這一邊**。它們不抹殺馬克思的科學發現。恰恰相反。這些哲學論點也是那些經過證明的歷史科學、歷史唯物主義的命題❺。

因此，這些論點考慮到了歷史科學的存在。但是同時它們**有助於**產生出新的解釋、新的科學發現。例如，它們**促使**我們用**階級**來爲「創造」歷史的群衆下定義。例如，它們**促使**我們來爲構成群衆的各階級之間聯合的形式下定義。就我們而言，它們把工人階級提到第一位。它們促使我們把無產階級定義爲一個因爲受剝削的狀況使得它能夠領導一切被壓迫和被剝削階級進行鬥爭的階級，這場鬥爭即爲奪取帝國主義資產階級所掌握的政權的鬥爭。這些論點讓我們能夠理解，「階級鬥爭」是「歷史的原動力」，它們促使我們「永遠不要忘記階級鬥爭」。

這些命題的理論後果是每一個共產黨人都知道的。例如，它們要求我們與政治經濟學（《資本論》的副標題是：《政治經濟學批判》）的資產階級概念，與關於國家、意識形態、文化等等的資產階級概念決裂。這些論點有助於激勵歷史科學領域中的科學研究。

因此，一方面我們有關聯到理論工作對歷史科學有倒退效果的哲學論點。另一方面我們有關聯理論工作在馬克思主義歷史科學的**現有**各領域中有進步效果，而且在那些還沒有被這一科學眞正接觸到的領域中（例如在人類學、科學史、藝術、哲學等等中）有**革命**效果的哲學論點。

就科學而言，這就是在理論領域的階級鬥爭中生死攸關的東西。

政治效果

我想，就政治效果而言，情況是相當清楚的。

在「是人創造了歷史」的這個哲學論點的基礎上，怎麼能夠進行階級鬥爭呢？人們可能說，這個論點是爲**每一個人**服務的，**無分軒輊，**不管他是資本家、小資產階級還是工人，因爲這些全都是「人」。但是情況不是如此。它是爲**那些**其利益在於談論「人」**而不是**「群衆」、談論「人」而不是階級和階級鬥爭的**人**服務的。它首先爲資產階級服務，其次也爲小資產階級服務。馬克思在《哥達綱領批判》(*Critique of the Gotha Programme*)中寫道：「資產者有很充分的理由給(人類)勞動加上一種**超自然的創造力**。」❻ 爲什麼呢？因爲使「人們」以爲「勞動是一切財富和一切文化的源泉」，資產階級就能夠對「自然」的力量，對人類勞動的**自然、物質條件**的極端重要性保持緘默。爲什麼資產階級要對勞動的自然物質條件保持緘默呢？因爲**它控制著這些條件**。資產階級知道自己在幹什麼。

如果告訴工人說「是人創造了歷史」，這會使他們**解除武裝**。這有助於使他們認爲，他們作爲「人」是萬能的，而實際上他們作爲工人在眞正統治的政權，即控制決定歷史的物質條件和政治條件的資產階級政權面前，卻被解除了武裝。人道主義路線使工人遠離階級鬥爭，阻礙他們利用他們擁有的唯一力量：他們藉助他們的階級組織(工會、政黨)組織成爲階級的力量。

因此，一方面我們有這樣的這些論點，它們直接幫助工人階級理解它的角色、它的存在、剝削和鬥爭的條件，它們幫助它建立能領導一切被剝削人民從資產階級手中奪取政權的組織。

不需要再多說。

這些沒有任何一點會因爲一九七二年有一位共產黨內的鬥士捍衛了這些資產階級或小資產階級的論點而受到影響。讀一讀《共產黨宣言》第三章。你們會看到，在一八四七年馬克思區分了三種社會主義：反動的(封建的、小資產階級的、**人道主義的**❼)社會主義、保守的或資產階級的社會主義，以及批判的空想的社會主義和共產主義。你們有選擇的自由！讀一讀恩格斯和列寧關於資產階級意識形態在工人政黨中的影響(改良主義、修正主義)的偉大論戰著作。你們也有選擇的自由！

現在我們要知道的是，在這麼多鄭重的警告和這麼多令人信服的經驗以後，一個共產黨人——劉易斯——怎麼可能把他的「論點」說成是馬克思主義的。

我們來看看。

二

但是首先，我將考察劉易斯的第二個指責：**阿圖塞不懂馬克思思想的形成史**。爲了不躭誤讀者的時間，我將簡略地考察。

在一八四五年眞的發生了什麼嗎？

在這裡我必須作點自我批評，承認劉易斯有一點是正確的。

在我的頭幾篇文章中，我曾提出，在一八四五年的「認識論上的斷裂」以後(在馬克思藉以創立歷史科學的發現以後)，**異化**和**否定的否定**哲學範疇消失了。劉易斯回答說，情況並非如此。他是對的。你肯定能在《德意志意識形態》、《政治經濟學批判大綱》(馬克思不曾發表的兩部作品)中發現這些概念(直接地或開接地),而且在《資本論》中也能看到這些概念，雖然非常非常罕見(例如，否定的否定只出現過一次)。

另一方面，劉易斯在《共產黨宣言》、《哲學的貧困》(*Poverty of Philosophy*)、《僱傭勞動和資本》(*Wage Labour and Capital*)、《政治經濟學批判》(*Contribution to the Critique of Political Economy*)、《哥達綱領批判》或《評阿・瓦格納的〈政治經濟學教科書〉》(*Notes on Adolph Wagner's "Textbook"*)中，卻大概很難看到這些概念。而且這是只列舉**理論**著作。至於說到政治著作——列寧、葛蘭西或毛澤東的著作當然也同樣如此——這個，他可以使勁地去找!

但是不管怎麼樣，從形式上說，劉易斯是正確的。所以，即使他只有把所有能使他爲難的著作撇在一邊才能言之成理，我還是必須回答。

這裡就是我簡略的答覆。

㈠如果你們看看馬克思的全部著作，那麼毫無疑問在一八四五年存在著某種「斷裂」。馬克思本人也**這樣說**。但是對誰也不能光聽他怎麼說，對馬克思也一樣。你們必須根據證據來作判斷。然而，馬克思的全部著作表明他在這一點上是正確的。在一八四五年，馬克思**開始**「奠定」一種在他之前都不存在的那種科學(即歷史科學)的基礎。他爲此提出了許多在他青年時代的人道主義著作中根本找不到的新概念:**生產方式、生產力、生產關係、基礎—上層建築、意識形態**等等。誰也不能否認這一點。

如果劉易斯仍然懷疑眞的存在這種「斷裂」，或者更確切地說，一種新科學在一個仍然是「意識形態的」或科學以前的世界這樣**闖進來**,

那麼他應該把馬克思對費爾巴哈和普魯東(Pierre-Joseph Proudhon)的兩種評價加以比較。

費爾巴哈在《一八四四年經濟學哲學手稿》中被描寫爲一位作出了非凡發現,既發現了政治經濟學批判的基礎又發現了其原則的哲學家。但是一年以後，在《關於費爾巴哈的提綱》(*Theses on Feuerbach*)和《德意志意識形態》中，他是全面攻擊的對象。以後他簡直消失不見了。

普魯東在《神聖家族》(一八四四年底)中被描寫爲「法國無產階級的科學理論家」。但是在一八四七年的《哲學的貧困》中，他挨了一頓永遠也恢復不了元氣的棒喝。以後他簡直消失不見了。

如果像劉易斯說的，在一八四五年眞的**什麼也沒有**發生，如果我關於「認識論上的斷裂」所說的一切是「徹頭徹尾的神話」，那麼我願意被絞死。

㈡因此，在一八四五年的確開始了某種**不可逆轉的**東西：「認識論上的斷裂」是一個**不歸**點。開始了某種不會有止境的東西。我寫過，這是一種「延續不斷的斷裂」，像在任何其他科學中一樣，是一個漫長的工作時期的開始。雖然前面的路打開了，但是它坎坷不平，有時甚至頗爲險峻，充滿了各種理論事件，這種理論事件關係到對一種特殊對象即階級鬥爭的條件、機制與形式的科學知識。用較簡單的話說，就是關係到歷史科學。

因此我們能夠說，這一科學並不是以現成的形式從馬克思的頭腦中產生出來的。它在一八四五年只是**有一個開頭**，還沒有擺脫掉它的全部過去——擺脫掉它出身所在的全部意識形態的和哲學的史前史。

我們能夠補充說：看看馬克思的著作，看看他的科學概念的誕生和發展(因爲劉易斯堅持要談論它們)，你們就會同時看到這兩個從過去承襲下來的並且仍然作爲殘餘存在的哲學範疇——**異化**和**否定的否定**——是逐漸消失了。那麼事實上，我們把時間越往後挪，這兩個範疇就越看不到。《資本論》只有一次談到否定的否定(在二千五百頁書中!)。的確，異化這個詞語馬克思用了好幾次。但是這一切在馬克思後來的著作中和列寧的著作中都消失不見了❽。是完全消失不見了。因此我們可以簡單地說：重要的是**傾向**。而且馬克思的科學著作的確有排除這些哲學範疇的**傾向**。

自我批評

㈢但是這還不夠。而且在這裡也是我對自己的自我批評。

我對於劉易斯指出的**事實**，即在「認識論上的斷裂」以後繼續存在著所說的哲學範疇，注意得並不夠。那是因爲我把「認識論上的斷裂」與馬克思的哲學革命等同起來了。更確切地說，我從來沒有把馬克思的哲學革命從「認識論上的斷裂」分開來。因此我在談論哲學時，把它看成彷彿就是科學，而且寫道，在一八四五年馬克思實現了科學的**和**哲學的**雙重**斷裂。

這是一個錯誤。這是我在《解讀〈資本論〉》義大利文版(一九六七年)前言中所作的簡短自我批評中譴責過的**理論主義**的偏向的一個例子。這篇前言在英文版中也收入了。這個錯誤就在於認爲，哲學是一種**科學**，像任何科學一樣有：⑴**對象**；⑵**開端**(「認識論上的斷裂」發生在它**朦朧出現**於科學以前的、意識形態的文化世界中的時刻)；和⑶**歷史**(與科學的歷史可以相比)。這種理論主義的錯誤，在我的下述提法中表現得最清楚最純粹：哲學是「理論實踐的理論」。

從那以後，我開始「糾正錯誤」。在一九六七年的科學方法哲學教程中，然後在《列寧和哲學》(一九六八年二月)中，我提出了其他的命題：

1.哲學不是科學。

2.哲學在科學有對象的意義上沒有對象。

3.哲學在科學有歷史的意義上沒有歷史。

4.哲學是理論領域中的政治。

結論是什麼呢?

1.不可能把哲學歸結爲科學，不可能把馬克思的哲學革命歸結爲「認識論上的斷裂」。

2.馬克思的哲學革命是先於馬克思的「認識論上的斷裂」。**它使得這種斷裂成爲可能**。

你當然能夠很嚴肅地爭辯說，像黑格爾說的，而我又在《列寧和哲學》中複述過的那種關於哲學總是「落後於」科學的說法有道理。但是從在這裡是重要的另一個觀點看，則應該反過來說，並且認爲在馬克思的思想史中，哲學的革命必然是「先於」科學的突破。

關於其他科學，我們缺乏證據和證明。但是就馬克思而言，所發生的情況是，雖然哲學的革命和認識論上的斷裂是同時發生的，但是哲學的革命「決定著」科學的「斷裂」。

具體地說，這意味著下述情況。

青年馬克思出生於萊茵地區(Rhineland)一個上等資產階級家庭，作爲一家萊茵自由資產階級的報紙的主編進入社會生活。那是在一八四一年。這位才華出衆的年輕知識份子，在三、四年內經歷一種令人眼花撩亂的**在政治上**的演變。他要從激進的資產階級自由主義(一八四一年～一八四二年)過渡到小資產階級的共產主義(一八四三年～

一八四四年)，然後過渡到無產階級的共產主義(一八四四年～一八四五年)。這些都是無可置疑的事實。但是與這種政治上的演變類似，你們能看到一種哲學上的演變。**在哲學上**，在這同一時期，青年馬克思要從一種主觀的新黑格爾主義(neo-Hegelianism)立場(康德—費希特型的)過渡到理論上的人道主義(費爾巴哈)，從摒棄這一當中，順勢又過渡到一種不再僅僅是「解釋」世界而且也是「改變世界」的哲學。

如果你們現在把馬克思的政治演變與他的哲學演變加以比較，你們就會看到：

1.他的哲學演變是建立在他的政治演變之上的；

2.他的科學發現(「斷裂」)是建立在他的政治演變的基礎之上的。

實際上，這就是說：因爲青年馬克思在他的理論著作中過渡到革命無產階級的階級立場上，他才能夠奠定作爲階級鬥爭史的歷史科學理論的基礎。

㈣從這幾點出發，應該有可能說明像**異化**和**否定的否定**這些範疇斷斷續續出現的情況。請注意，我說的是斷斷續續的出現。因爲從整體來說，除開它們在馬克思著作中消失的**傾向**之外，還有一個必須加以說明的奇怪現象：它們在某些著作中完全消失，然後**接著**又重新出現。例如，所說的這兩個範疇在《共產黨宣言》和《哲學的貧困》(馬克思於一八四七年發表)中完全沒有。它們在《政治經濟學批判》(一八五九年發表)中沒有出現。但是在《政治經濟學批判大綱》(馬克思在一八五七年～一八五八年寫的草稿，他不曾發表過)中卻多次提到異化。我們從一封給恩格斯的信了解到，馬克思在一八五八年曾「偶爾」重讀黑格爾的《邏輯學》，並且爲之著迷。在《資本論》(一八六七年)中，異化又再出現，但是次數少多了，而否定的否定則只出現了一次；等等。

不管還有要做的許多工作怎樣，有一件事實還是很淸楚的。馬克思的歷史科學並不是由它自己控制，從「認識論上的斷裂」這個點出發，沿著一條簡單的直線向前發展的。如果即使沒錯，馬克思爲了能建立歷史科學必須在他的理論工作中過渡到無產階級的階級立場上來，他的這種過渡也不是一蹴即至，一下子就**一勞永逸地**、永不回頭地完成了的。哲學的戰鬥在馬克思自己身上、在他的著作中圍繞著新科學的原則繼續不斷地進行。科學在理論鬥爭中，在理論的階級鬥爭中，在與理論之外的世界中進行的階級鬥爭的密切關係中，是一點一點地才奪得自己的地盤的。這一鬥爭持續了馬克思的整個一生。在他去世後在工人運動中繼續進行著。它在我們今天的時代仍在繼續進行著。

所以有可能理解，某些範疇在馬克思著作中部份地消失和以後的重新出現，是表明在採取理論階級立場和建立歷史科學的漫長鬥爭中的嘗試、前進和失敗。

哲學中的革命和反革命

因此，當我說「認識論上的斷裂」是主要的，當我未能把它與「哲學的斷裂」區分開來的時候，我犯了兩個錯誤。就馬克思而言，**主要的**正是哲學革命。如果我們能保留「斷裂」這個術語來表示歷史**科學**的開始、那個不歸點，那麼我們在談論哲學時就不能使用這同一個術語，**因爲在哲學中，正像在階級鬥爭的漫長時期中一樣，並沒有一個不歸點**。因此我們必須談論「哲學革命」。這個說法比較正確，因爲我們都知道，革命總是會受到攻擊，會逆轉和產生反革命。

在哲學中沒有任何東西是**一勞永逸地**解決了的：總是有「回潮」，最老舊的哲學總是準備披上現代的外衣發動進攻，這是爲什麼呢？

因爲哲學歸根到底是理論領域中的階級鬥爭。因爲革命的階級總是受到舊的保守的和反革命的統治階級的反對，後者永遠不會放棄它們報復的野心，即使當它們不再握有政權的時候。按照情況，它們在這麼一種哲學的僞裝下會捍衛它們的政權，或對新政權發動攻擊：這種哲學能給它們提供最好的服務，即使它是世界上最古老的哲學。只需將它稍加改變，塗上一層現代的油彩。哲學論點就「**不會變老**」。這就是我提出馬克思在《德意志意識形態》中說的「哲學沒有歷史」的意義所在。

實際上，資產階級意識形態在能夠施加足夠的壓力時，能夠侵入到馬克思主義本身中來。理論領域中的階級鬥爭不只是一句話：它是一種現實，一種可怕的現實。不了解這一點，就既不可能了解馬克思思想形態坎坷的歷史，也不可能了解甚至在一九七二年的今天沈重地壓在相當多共產黨人所捍衛的「正統」身上的「重重困難」。

如果我們相信劉易斯的話，那麼馬克思及其思想的坎坷歷史就會被歸結爲一種和平的和沒有問題的大學生涯！某一位馬克思出現在文學的和哲學的舞台上。他在《共產黨宣言》中開始談論政治，然後在《資本論》中開始談論經濟學，是相當地自然。他建立和領導第一國際，反對巴黎的起義，然後過了兩個月又堅決地站在巴黎公社這一邊。他對無政府主義者和普魯東的追隨者等等拚命進行鬥爭。所有這一切，都沒有說發生了問題、歷程曲折的樣子，除開所有鬥爭中的各種攻擊之外，所有在這一鬥爭本身中尋求「眞理」的苦惱，都跟這些困難、這些問題無涉。(按照這種觀點)馬克思像一個有教養的資產階級知識份子，他也像他處在生活的安逸中一樣在他的思想中安置自己，**總是想著同一樣東西**，在他的思考中沒有任何革命或「斷裂」。在這裡我只想說，只有沒有任何經驗，或閉眼不看任何理論領域中的階級鬥爭經驗——或者甚至不知道科學研究是怎樣進行——的人，才能說出這種無稽之談，從而不僅侮辱馬克思本人而且侮辱所有共產黨人（以及所有那些眞正**有所發現**的科學家）的一生和所經受的痛苦。這麼說來，馬克思不僅「有所發現」（冒著何等的風險，而又具有何等的重要性！），而且他也是三十五年的工人運動**領袖**。他總是在這種鬥爭中「進行他的思考」，這是他進行思考的**唯一方式**。

工人運動的全部歷史充滿了無窮無盡的危機、曲折和鬥爭。我不需要在這裡提醒這些東西。但是就哲學而言，我們至少應該提到恩格斯和列寧反對資產階級哲學介入馬克思主義和工人政黨的偉大鬥爭：反對杜林（Eugen Dühring）和伯恩施坦（Eduard Bernstein）的唯心主義介入的鬥爭。杜林和伯恩施坦兩人都被宣佈爲新康德主義者和人道主義者，他們的理論上的修正主義掩蓋了他們政治上的改良主義和政治上的修正主義。

但願劉易斯能重讀一下《怎麼辦？》一書的頭幾頁。在這本作品裡，一個名叫列寧的小資產階級知識份子，正捍衛著「困難重重」的馬克思「正統」。用「極端的教條主義」。對，列寧宣稱他以自己受到攻擊，被說成是「教條主義者」而感到自豪。攻擊他的是以「英國費邊社份子」和「法國內閣派」爲首的這些「批評的」修正主義者的國際性聯盟！對，列寧宣稱他以捍衛這一古老充滿問題的「正統」，這個馬克思教義的「正統」而感到自豪。對，他以爲這一「正統」是「困難重重」。原因是：改良主義和修正主義！

今天有些共產黨人正想著和做著同樣的事情。當然他們人數並不太多，而且是頗爲孤單的。情況就是如此。爲什麼呢？我們來看看。

三

讓我們來看看原因。

我們必須回答兩個問題。

1. 爲什麼有像劉易斯這樣的共產黨人(他們人數相當多)，能夠在一九七二年公開地在共產黨的刊物上爲一種他們稱作馬克思主義但實際上只是資產階級唯心主義的一種變形的哲學辯護?

2. 爲什麼捍衛馬克思哲學的共產黨哲學家人數這樣少，而且在自己黨內如此孤立?

要回答實際上是同一回事的這兩個問題，請劉易斯原諒，我們必須稍微回顧一下政治史。

我已經在《保衛馬克思》中提出了基本論點。但是劉易斯看來並沒有讀過《保衛馬克思》中有關政治的那幾頁。劉易斯是一個純潔的人。

史大林和二十大

我在《保衛馬克思》中說，我在哲學上保持沈默的時期是在一九五六年隨著蘇聯黨的二十大而告終的。

的確是這樣。在二十大以前，一個共產黨人的哲學家，至少在法國，是不可能發表**嚴謹的哲學作品**——就是說，既深刻又能在意識形態上和政治上派上用場的作品。這是二十大好的方面。從那以後才有可能發表這樣的作品。就只舉一個例子來說，法國黨(一九六六年在阿爾讓台舉行的中央全會上)，明白承認黨員有權從事他們的哲學研究，並且發表自己的研究成果。

但是「對史大林的錯誤所做的批評」在二十大上是以這樣一種方式提出的，以致隨之在共產黨本身內部必然引起了我們應該稱之爲**資產階級**的意識形態和哲學話題泛濫的現象。在共產黨人的知識份子當中尤其是如此，但是這也涉及某些領袖，甚至某些領導人員。

這是爲什麼呢?

因爲「對史大林的錯誤所做的批評」(其中有些錯誤——而且爲數不少——經證實是犯罪)，是以非馬克思主義的方式進行的。

二十大批評和譴責了「個人崇拜」(一般的崇拜，一般的個人……)，而且把史大林的「錯誤」概括爲「破壞社會主義**法制**」。因此，二十大本身只限於譴責與**法律上層建築**中的情況有關的某些**事實**，而沒有像任何馬克思主義分析所應該做的那樣，把這些事實首先與蘇聯上層建築的其餘部份(首先是國家和黨)，其次與基礎，即蘇聯的生產關係、階級關係和階級鬥爭形式，聯繫起來。

二十大不是把「破壞社會主義法制」與(1)國家**和**黨，以及(2)階級鬥爭聯繫起來，而是把它與「個人崇拜」聯繫起來。也就是說，像我在《保衛馬克思》中指出的那樣，把它與在馬克思主義理論中無法「找到」的概念聯繫起來。我現在敢說，這個概念完全可以在別的地方「找到」，就是在**資產階級**的哲學和社會心理學的意識形態中。

如果你們利用共產黨人的哲學家和其他共產黨「知識份子」，而且把他們正式放在一條資產階級的意識形態和哲學的路線上來「批評」一個他們(和其他人)深受其害的政權，在這些共產黨人的哲學家和知識份子完全自然地走上資產階級哲學的道路時，你們不應該感到吃驚。這條道路早已完全在他們面前展開了！在他們用人權(推崇人和人的權利，其中首屈一指的是**自由**，反面就是**異化**)來構造他們小小的資產階級的馬克思主義哲學時，你們不應該感到吃驚。依靠馬克思的早期著作——那些著作就是供此用途的——然後依靠各種形式的人道主義，對他們來說是非常自然的事情！要不要加羅蒂(Roger Garaudy)的社會主義人道主義、劉易斯的人道主義、其他人的「眞正的」或「眞實的」人道主義或者甚至(爲什麼不呢?)「科學的」人道主義本身呢？在這些形形色色的人的**自由**哲學之間，每一個哲學家當然可以**自由**地作出自己的選擇！那一切是完全正常的。

不同的兩碼事

說了這些之後，我們還應該補充一句：重要的就是不要把從政治上說不應該混淆的事情混淆起來，它們相互之間是完全不同的。西方的共產黨人的理論家的人道主義反動，甚至東歐的某些理論家的人道主義反動是一回事。然而，譬如說，根據一個形容詞(「人的」)就來判斷和譴責像「**帶有人的面孔的社會主義**」的口號這種東西，就要犯極爲嚴重的政治錯誤，捷克群衆是用這個口號(即使形式有時被混淆)表達他們階級的和民族的不滿和期望。把這種全民的群衆運動、這種重要的歷史事實與我們西方的、有時是共產黨人的哲學家(或東歐的這類哲學家)的人道主義迂腐賣弄混淆起來，就要犯極爲嚴重的政治錯誤。在捷克的全民群衆運動中有知識份子，但那不是「知識份子的運動」。捷克人民所要的東西是**社會主義**，而不是人道主義。它要一種其**面孔**(不是**軀體**：這個提法中未提軀體)不受那種與他們自己(捷克人民：一個有高度政治文明的人民)和社會主義不配的實踐毀損的社會主義。一種帶有人的面孔的社會主義，這個形容詞是用對了地方。捷克人民的這一全民群衆運動即使現在不再有人提起(然而鬥爭仍在繼續進行)，但還是值得所有共產黨人尊敬和支持。正像西方（坐在學術安樂椅上或別的什麼地方悠然自在的）知識份子的「人道主義」哲學、「馬克思主義人道主義」的哲學（不管它們是叫做「眞正的」或是「科學的」），是值得所有共產黨人的批評一樣。

因此，正是由於上面談到的種種原因，在西方的共產黨中才有像劉易斯那樣的例子——而且他們的人數還相當多。

正是由於同樣的原因——直接的政治原因——對於英國共產黨的機關刊物《今日馬克思主義》同意刊載我的答辯文章，我要再致謝意。

---

❶參看本書劉易斯的〈阿圖塞的問題：第一部份〉。

❷ *Epistemology*（認識論）：照字義是關於科學（*episteme*）的學問（*Logos*）。一般用以表示對科學實踐的哲學研究。——英譯者註

❸巴歇拉爾：法國哲學家，現已去世，他引進了「認識論上的障礙」這個概念，這是指對科學發展的障礙。——英譯者註。

❹認識論上的斷裂：在理論歷史中的一個不歸點。當我們考察科學的歷史時，我們發現，科學不是從科學以前的思想中以逐漸的方式成長，而是跟這些思想決裂，代之以新的體系。阿圖塞認爲，馬克思在他的早期著作中所表達的思想仍屬科學以前的性質。因此他必須跟這些思想決裂，而用科學的思想來取代它們——雖然不是突然的，因爲這種決裂包含著鬥爭。因此他創立歷史科學（歷史唯物主義）的方式，跟例如伽利略創立物理科學的方式幾乎是同樣的。——英譯者註。

❺因此，科學命題能夠像哲學觀點一樣「起作用」。這是值得更仔細思考的問題。

❻因此馬克思批評他那時代寫進德國社會民主黨和拉薩爾(Ferdinand Lassalle)黨的統一綱領中的社會主義者劉易斯之流的說法:「**勞動是一切財富和一切文化的源泉**。」

❼馬克思稱它爲德國的或「眞正的」社會主義。他寫道,這些德國的作家們「在法國的原著下面寫上自己的哲學胡說。例如,他們在批判貨幣關係的法國原著下面寫上『人的本質的外化』……。」——英譯者註。

❽的確應該是毫無論據了,才不得不用列寧從《德意志意識形態》(一八四四年)中抄錄到自己筆記本上的幾行話作爲列寧的「人道主義哲學」的證據!劉易斯顯然不怕自己獲得「註經家」的壞名聲。(此處《德意志意識形態》係《神聖家族》之誤,列寧的筆記本係指《哲學筆記》中的〈馬克思和恩格斯《神聖家族》一書摘要〉。——中文版譯者。

7 略評阿圖塞給劉易斯的答覆

康福斯

曾經被劉易斯斥爲教條主義者的阿圖塞曾回答說，劉易斯是個資產階級的唯心主義者。然而，看來好像撇開這種令人反感的稱謂，來考察阿圖塞在他的答覆和自我批評中所提出的一些主張，會更有用些。

一、辯證法

但是首先對阿圖塞的立場作一點一般的評論。在我看來，他的「自我批評」可以通過某些對辯證法的思考變得更徹底一些。阿圖塞常常勸告馬克思主義者解讀馬克思的著作，特別是《資本論》。但是，說到辯證法，人們也應該解讀恩格斯的著作。

馬克思常常使用「辯證法」這個詞語，寫到「矛盾」，而且偶爾(像阿圖塞頗爲沮喪地承認的那樣)也寫到「否定的否定」。但是馬克思的著作在更大的程度上是辯證方法的一個範本，而不是關於辯證方法一般原則的闡述。他寫的一切表明了辯證思維的科學力量，但是他並沒有停下筆來向我們說明——「這是怎樣做的」。然而，恩格斯則確實試圖提供一些一般的勸告或處方。我在這裡想到的與其說是他關於所謂辯證法「規律」所寫的東西，不如說是他在《反杜林論》(*Anti-Dühring*)和《

路德維希·費爾巴哈和德國古典哲學的終結》(*Ludwig Feuerbach and the End of Classical German Philosophy*)中關於辯證方法和他所謂的「形而上學」方法之間差別的一些意見。

恩格斯在《路德維希·費爾巴哈和德國古典哲學的終結》第四章中寫道：一旦人們掌握了辯證法的要旨,「人們就不再敬重……舊形而上學所不能克服的**對立**(著重號是我加的)……。人們知道，這些對立只有相對的意義。」

但是阿圖塞卻專門搞對立。我覺得，這一直是他常常一再犯的毛病。這使他誤入歧途，同時又使他讓別人誤入歧途。

把對立擺出來

他主要的一種對立是跟「科學」和「意識形態」有關。他把一個與另一個簡單地對立起來，卻沒有使它們產生關聯。但是恩格斯在《自然辯證法》(*Dialetics of Nature*)中告訴我們，「辯證法」是「相互聯繫的科學」。人們不只是把事物對立起來，人們還把事物聯繫起來。

辯證法有時被一些人與邏輯分離開來。但辯證法是有關聯繫的邏輯。試圖把握運動中的內在聯繫——這就是辯證法的一切。當辯證法的某些「一般規律」被確定地表述出來時，那只是以極爲概括的方式描述內在聯繫的某些普遍的特徵。

順便說一下，正是由於這個緣故，所有那些像沙特那樣，駁斥「自然辯證法」，說辯證法只適用於人和社會的人，才是完全錯誤的。

也正是由於這個緣故，當阿圖塞像「科學」和「意識形態」這樣的對立提出來，說科學不是意識形態，而意識形態不是科學的時候，或者在另外的脈絡中，把人道主義者的馬克思與唯物主義者和科學家的馬克思割裂開來的時候，他才是錯誤的。

我本人在我的《開放的哲學和開放的社會》(*The Open Philosophy and the Open Society*)中提及阿圖塞的《保衛馬克思》時，曾對他的對立的思維方式提出質疑，也許現在可以重複一下我在那裡所說的話。「阿圖塞給我們提供了這樣一個關於『意識形態』的定義，它把意識形態作爲由階級決定的意見，與科學截然區分開來……。這是一個馬克思主義者按馬克思主義辯證法所反對的那種提出抽象對立的習慣辦事的實例……。按照跟意識形態抽象對立起來的方式把科學提出來，是很大的錯誤。在一定的情況下，意識形態只有通過採取科學的方法，它的實際社會作用才能逐漸獲得實現。」

在下面的評論中，我打算表明，阿圖塞非辯證的把對立擺出來的一些方式，在他回答劉易斯時已經跑出來了。

二、階級鬥爭和哲學

讓我們按照阿圖塞論述的順序來說。第一點是關於階級鬥爭和哲學。

「工人階級在階級鬥爭中**需要哲學**。他們需要的不僅是馬克思主義的歷史**科學**……，而且也是馬克思主義的哲學……。」

阿圖塞的這些話說得很對。只是在這些話的表述中他使用了「不僅……而且……」這個老一套的對立結構之後，混淆就突然出現了。因爲他馬上開始把「哲學」和「科學」加以對照並將它們對立起來。

他堅持說，哲學**不是**科學。不，正相反，哲學「歸根到底是理論領域中的階級鬥爭」。

那麼說，哲學當然是理論領域中的階級鬥爭。而且它一向就是，不管哲學家們意識到了這一事實還是沒有。但是這並不意味著哲學不是科學，並不意味著不可能有與科學以前的或非科學的哲學不同的科學的哲學。馬克思主義的**哲學**是一門科學，是一種科學的哲學。而馬克思主義的**科學**，即關於人和社會的科學，也是理論領域中的階級鬥爭。

請考察一下！難道「馬克思主義的歷史科學」不是在理解歷史的意識形態領域進行階級鬥爭嗎？《資本論》是一部透徹和嚴謹的科學著作。但是它對工人階級的鬥爭難道沒有貢獻嗎？當馬克思坐在英國博物館的閱覽室裡撰寫《資本論》的時候，難道他本人不是在為工人階級進行階級鬥爭，而且是以比他的許多同時代人更有效得多的方式進行階級鬥爭嗎？當然是的！

再請考察一下馬克思主義的哲學。難道它不是科學的嗎？難道它「歸根到底」是理論中的階級鬥爭而**不是**科學嗎？正如說歷史唯物主義是歷史的科學一樣，在類似的意義上可以說辯證唯物主義是哲學的科學，而唯心主義的哲學，正如唯心主義的歷史理論是非科學的一樣，則缺乏這種科學性。

哲學和科學

我們也應該考察階級鬥爭在理論領域中進行的方式。

當科學和哲學不是被聯繫起來，而是被抽象對立起來的時候，或者當科學和意識形態被抽象地加以對照的時候，那麼看起來就會是這樣一種情況：在科學中，我們就會不管階級上要考察到的事情，而打算取得客觀眞理，而在哲學中，我們也就會不管客觀眞理，而打算通過從事階級鬥爭的方式爲一個階級服務。「歸根到底」，正如阿圖塞(希望「不致遭到誤解」和「說得確切些」)所說的，科學理論是通過關於客觀眞理的一些考察決定的，而哲學理論則是通過關於階級鬥爭的一些考察決定的。

但是馬克思主義的哲學「歸根到底」不是只跟進行工人階級的意識形態鬥爭有關，不是只跟客觀眞理有關，正如馬克思主義的社會科學「歸根到底」不是只跟客觀眞理有關，不是只跟進行工人階級的意識形態鬥爭有關一樣。

關鍵是，工人階級爲了進行它的階級鬥爭，需要科學。因此，跟馬克思主義的科學不是跟進行反對僞裝成科學的資產階級理論的意識形態階級鬥爭無關一樣，馬克思主義的哲學也不是跟在哲學中採用科學方法無關。是的，馬克思主義的哲學跟在哲學中採用科學的方法有非常密切的關係，正是爲了要進行反對資產階級哲學的謬誤和混亂的意識形態階級鬥爭❶。

但是在阿圖塞看來，哲學肯定**不是**一門科學。他後來在他的答覆中重複了這一點。「哲學不是科學。哲學在科學有對象的意義上沒有對象。」

因爲把馬克思主義哲學說成是不受任何科學方法指導的意識形態產物，這才使馬克思主義哲學成爲無稽之談。所以阿圖塞不是讓他自己跟資產階級的唯心主義者(其中許多人會同意他的觀點)直接對立起來，而是跟馬克思的合作者恩格斯直接對立起來，絲毫不足爲奇。

按照恩格斯的觀點，跟自然科學和社會(或「經驗」)科學有別的哲學，是「思維及其規律的科學」(《反杜林論》第一章)。而被認爲是哲學理論一部份的辯證法，則是「相互聯繫的科學」(《自然辯證法》)。

科學的對象

包括作爲科學處理的哲學在內的所有科學，都有「對象」，因爲每一門科學都探討一批多少不同的**自人類實踐中產生的問題**。當然，經驗科學的問題與哲學的問題是屬於不同的**類型**。因爲關於「思維及其規律」的哲學問題跟譬如說關於化學過程及其規律的問題，是屬於不同的類型。而演繹科學、各種不同分支的數學也有自己特殊類型的問題。

每一門科學的方法是在實踐中爲了處理屬於自己類型的問題而逐漸形成起來的。所以，當然哲學的方法必定不同於在經驗科學中所採取的方法，正像數學科學的方法也不同一樣。在經驗科學內部，社會科學不同於自然科學，因爲它們所要處理的問題類型不同。

但是，如果說不同科學的問題**有差別**，那麼它們也**有關聯**。因此，如果我們把哲學的問題跟經驗科學的問題以及數學的問題**聯繫起來**，我們就會發現阿圖塞通過把對立抽象的擺出來的方法所否定的東西——即其他科學在社會實踐中的發展和使用要求哲學**以一門科學的姿態出現**來發展和使用，正如對哲學來說，不能跟其他科學的運用脫離開來科學地運用哲學一樣。

這就是恩格斯在《反杜林論》中所開始證明的東西，他的目的是要表明，如果我們想要使人類終於擺脫貧窮和剝削、擺脫爲這兩者辯護並使之永存的意識形態的束縛，獲得解放，那就必須用科學把活力賦予共產主義❷。

我們必須把以馬克思主義哲學爲一個組成部份的**整個**馬克思主義，作爲「理論領域中的階級鬥爭」、作爲「理論領域中的政治」加以發展，而且的確只有這樣才能加以發展。而且必須把它當作是**科學**，同時只能夠把它當作是**科學**，加以發展。

馬克思主義科學的社會作用，是利用科學地理解鬥爭的條件和目標，把活力賦予工人階級的鬥爭。因爲這樣做，馬克思主義就科學地確定了共產主義的目標和表明達到這種目標的途徑。它開始確立對自然和社會的經驗科學的理解，隨之並確立對**思維活動的哲學科學的理解**，這包含我們用以指導我們實際活動的那些我們思考透了的目的、目標和價值在內。這種科學、哲學和階級鬥爭的統一，是使我們從過去和現在的條件下解放出來並建立共產主義所需要的東西。

三、是誰或什麼東西創造了歷史?

其次一點是關於歷史。

阿圖塞把他自己的「論點」(他稱作「馬克思列寧主義」的論點)，即「是群衆創造了歷史」，跟他所謂的劉易斯的「論點」，即「是人創造了歷史」，對立起來。

他說劉易斯有「一點小小的麻煩在」。但是，即使可能是這樣，劉易斯由於不小心(但是即使如此，也很難說是資產階級的和唯心主義的)使用了集合名詞「人」(man)，確實也給阿圖塞增添了「一點小小的麻煩在」。

有些人，似乎包括阿圖塞在內，可能認爲他的意思是說，歷史是由一個抽象而神秘的名曰「人」的個體「創造」的。但是爲什麼要假定他所說的意思是這麼荒唐呢? 他肯定不是這樣的意思。他的意思是：「人(men)創造了歷史。」而在這種用法中，「人」(men)也包括了女人在內。確實，使用集合名詞man(單數的「人」)來準確地表示「men and women」(複數的「男人和女人」)所說的意思, 在英語中並非不常見(我相信, 在法語中也是這樣)。

所以, 劉易斯的論點「人創造了歷史」, 只不過是重複了馬克思本人一個非常有名的論點: 「人們自己創造自己的歷史……。」這個論點是在那本闡述歷史唯物主義的重要著作《路易・波拿巴的霧月十八日》(*The Eighteenth Brumaire of Louis Bonaparte*)第一章第二段中所宣告的。

但是, 阿圖塞卻繼續把「馬克思列寧主義的論點」跟馬克思本人的論點對立起來。當他嘲弄地問劉易斯他所說的「創造」是什麼意思的時候, 他最好回到馬克思那裡去問問馬克思所說的「創造」是什麼意思。這個意思已由馬克思在《路易・波拿巴的霧月十八日》中闡述得十分清楚, 所以在這裡無需爲它浪費篇幅了。

「超越」的問題

在反對劉易斯使用「人」這個名詞以後, 阿圖塞還更強悍地反對他使用「超越」(transcend)這個動詞。因爲在阿圖塞看來, 正如「人」這個詞語的聲音把關於「作爲族類的人」(species-man), 或關於創造(現實的人們必須在裡頭生活的)歷史這種抽象的「人」的這一唯心主義怪物用魔法召喚出來一樣, 「超越」這個詞語在他看來也是把物質被精神超越這一唯心主義怪物用魔法召喚出來了。他稱「超越」是一個「哲學家的詞語」。也許他讀亂七八糟的哲學書讀得太多了。

但是「超越」是用以描述在物質過程期間所發生的事情的一個非常好的詞語, 雖然唯心主義者用它來描述只是屬於想像的過程。

在《政治經濟學批判》的序言中, 馬克思寫道: 「資產階級的生產關係是社會生產過程的最後一個對抗形式……。因此，人類社會的史前時期就以這種社會形態而告終。」他所說的「史前時期」可能是什麼意思呢？在《路易·波拿巴的霧月十八日》中，他寫道：「人們自己創造自己的歷史，但是他們並不是……在他們選定的條件下創造。」但是，他盼望那個由於人們克服了每一個「社會生產過程的對抗形式」，將成爲自己環境的主人的時代。到那時，由於人們自己鬥爭，他們將**超越**自己的史前時期。他們將以另一種方式，即取代他們的「史前時期」的方式，來「創造自己的歷史」。

在這一點上，阿圖塞在他答覆劉易斯當中嘲笑那些談論「自由」和「人的自由」目標的人的那種唯心主義。但是，這些人當中旣包括有馬克思，也包括有恩格斯，後者(在《社會主義從空想到科學的發展》*Socialism, Utopian and Scientific* 中)寫道，「人」將「成爲他自己的主人，自由的」，而前者則寫道：在物質生產的必然王國的「彼岸」，「眞正的自由王國就開始了」。而且馬克思正是在《資本論》中寫下這些話的(見第三卷第四十八章)。

「群衆」和「人」

至於阿圖塞的「馬克思列寧主義的論點」，用「是群衆創造了歷史」的論點跟馬克思主義的「人們自己創造自己的歷史」的論點**對立**起來是完全令人迷惑不解的。因爲「群衆」如果不是人又是什麼呢？另一方面，**除非**把「人們自己創造自己的歷史」理解得很淸楚，不然任何關於「群衆」的論點都會變得如此抽象籠統，以致令人迷惑不解。因爲正如馬克思和恩格斯在《德意志意識形態》中所強調的那樣，「全部人類歷史的第一個前提無疑是有生命的個人的存在」❸。

所以，如果「馬克思列寧主義」說，「不，**不是人而是群衆**創造歷史」，那麼「馬克思列寧主義」肯定是在胡說八道。但是，自然**眞正的**馬克思列寧主義不會說如此愚蠢的話。

眞正的馬克思列寧主義關於群衆**怎樣**創造歷史有許多東西可說（的確如阿圖塞本人所強調的那樣）。它不僅關於剝削階級在創造歷史中的角色有許多東西可說，而且關於領袖和個人在創造歷史中的角色也有許多東西可說。總之，眞正的馬克思列寧主義並不**反對**馬克思的「人們自己創造自己歷史」的論點，而是進一步去闡述人**怎麼樣**在階級鬥爭中創造自己的歷史，而且尤其是我們**現在**在目前這個帝國主義和社會主義革命的時代，怎麼樣才能通過對革命群衆的領導創造自己的歷史。

但是，既然這一切是這樣，那麼爲什麼阿圖塞竟然這麼堅決地主張跟不讓我們談論「人」一樣，「馬克思列寧主義」也不應該讓我們談論人的「主體」呢？

他告訴我們：「問題不再是按照『人』的思考角度提出來。」好吧，讓我們說「人」（men）吧。但是他又接著說：「它不再是尋找歷史的『主體』的問題了。它不再是**誰**創造歷史的一個問題了。」

不說「是人……」，他要我們說「是群衆……」。難道這不荒唐嗎？因爲「是群衆」做各式各樣事情的這些行動，恰恰就是「是人」以各種方式行動，而且彼此之間並與外部事物之間產生各式各樣關係的這些行動。我們不能把這一個跟那一個當作對立的「論點」對立起來，同時使它有任何意義。階級鬥爭是以人的方式行動的**人**的鬥爭——不是純粹非人的軀體，像「階級」或「群衆」這之間的鬥爭。

但是如果有「是人」，那麼這些人正是任何合格的馬克思主義者在談到跟其他「主體」以及跟客體處於能動關係中的「主體」時所指的。至於「歷史的『主體』」，他（和她）總是主體，我們知之甚詳——這是在無窮無盡的各種不同活動中的人的主體和個人。

然而阿圖塞斬釘截鐵地說，「歷史是一種沒有主體的過程」。**不是**的東西恰好是這個。如果我們自己讓別人來說服，按這樣一種抽象的方式思考問題，那麼我們就完全不能把握人類活動和自然過程之間、自然科學和社會科學之間的差別和關係了。

四、「人只能認識存在著的東西」

阿圖塞接著把「馬克思列寧主義」的「論點」，即「人（one）只能認識存在著的東西」，跟劉易斯的「論點」，即「人（man）只認識他自己所做的東西」對立起來。

使一個「論點」這樣擺出來對抗另一個論點，在這裡就產生了完全是詞語來源的另個「小小的麻煩」了。

劉易斯（或任何其他的馬克思主義者）意思是說，我們只認識我們自己以及我們自己所做的東西，而對我們所面對的客體，我們在認識它們時就跟它們建立認識關係的客體，則一無所知嗎？當然不是。

例如，如果一個人在看著一張桌子，他就**認識到**他在看著一張桌子，而且通過看著，他就能獲得關於**這張桌子**的一些東西。如果桌子不存在，他就不能**看著它**，如果他不看著它，他就永遠不會**認識到**桌子**存在著**。的確，如果一個人認識某種東西，就存在著某種能被認識的東西。除非東西存在，不然他就不能認識它。

關鍵只是在於，我們要**認識**某種東西，只有通過**做**某種跟這個東西有關的東西。馬克思本人常常強調這個簡單的道理，它跟「人只能認識存在著的東西」這個事實決不矛盾。

的確，如果有人說，我們只能按照我們所**做**的東西來**認識**，而沒有察覺到（正像某些唯心主義哲學家沒有察覺到那樣）我們只能認識**存在著**的東西，是有許多麻煩在。但是另一方面，如果有人說人只能認識存在著的東西，而沒有察覺到通過**我們自己的活動**我們才能認識它，而且就我們自己的活動中把**我們**跟它、把它跟我們**聯繫**起來的這個限度內我們才能認識它，一樣還是有麻煩在❹。

阿圖塞說，「存在著的東西……獨立於認識它的主觀性之外而存在著……。」沒有（像阿圖塞正確地指出的那樣）放棄馬克思主義「關於物質性和關於客觀性」的觀點，誰也不能跟這個空洞的說法爭辯。但是他未能提到的東西，正是劉易斯放心不下要強調的，這種東西就是只是事物**抽象**知識的事物知識跟比較**具體的**（或更充分、更全面和更有用的）事物知識之間的差別，後者才是馬克思主義感興趣的，也是科學幫助我們去獲得的知識。

僅僅說某個事物存在著和我們知道它存在著，的確是一個極其**抽象**的論斷。因爲事物只存在於聯繫中，爲了說得**具體**，我們就必須找出這些聯繫，在這些聯繫之外任何事物也不存在。那種把一切聯繫抽象化的所謂「自在之物」，是虛無，是「純粹」的抽象。

相互聯繫的事物

唯物主義辯證法的全部對象，正如列寧所說，是認識相互聯繫的事物，做到「具體情況具體分析」。因爲（他完全贊同地援引黑格爾的話）「眞理總是具體的」。

「人只能認識存在著的東西」因此是最抽象的一種「論點」，的確，比純粹的「陳腔濫調」還要稍微更抽象一點。它事實上根本不是明確的「馬克思列寧主義」的論點，因爲所有所謂「現實主義的」哲學家一向是贊同它的。馬克思列寧主義更關心的是，通過認識相互聯繫的現有事物，來獲得具體的、有益的知識的那些手段和方法。

如果說一個事物只有在它的聯繫中才能存在，那麼無論如何不能由此得出(正如那些提出費解的所謂「內在」聯繫學說的唯心主義哲學家所主張的那樣)，除了它在事實上被發現有的那些具體聯繫以外，沒有任何個別的事物能像它現在那樣存在著。的確，知識永遠不可能成爲完全的或「絕對的」，因爲在一切認識過程中，抽象必須在或多或少的程度上從具體聯繫的總體中做出來。但是我們對於個別事物和某些種類的事物，不必了解它們全部聯繫的全部情況，仍然可以認識很多。

然而較爲具體的知識總是取決於找出聯繫。跟純粹「抽象的」眞理有別的「具體的眞理」，總是通過談論相互聯繫的事物自身來表達。

與我們聯繫的事物

我們認識的任何事物，只是通過我們把自己和這種事物、把這種事物與我們聯繫起來的活動，才變得爲**我們**所認識。所以，當我們認識一個事物時，就它是和我們有聯繫時我們才能認識它。因此當我們在它和我們的聯繫之外談論它時，我們總是把這種關係抽象掉，並說得比較抽象。

這並**不**意味著，除了在與**我們**的某種聯繫以外，事物就不存在，或從來就不可能存在。因爲在我們認識一個事物時才出現的那個事物跟我們有的這一聯繫，並不是它在它的其餘聯繫中存在的必要條件。

正如列寧在《唯物主義和經驗批判主義》(*Materialism and Emprio-Criticism*)中駁斥唯心主義時說的那樣，那會引起這樣的荒唐笑話，就是說，除非**我們**在現場或曾經在現場親眼看到，不然就什麼也沒有發生或不曾發生。

但是它**的確**意味著，我們在事物跟我們的聯繫之外談論事物，總是談得比較**抽象**；對於我們來說，**具體的知識**需要在事物跟我們的聯繫和我們跟事物的聯繫中來認識事物，**具體的眞理**一定總是跟這種聯繫有關的。

因此例如，把「原子和分子」當作是不以「認識」它們「的主體性」爲轉移而存在著那樣來談論著，就只是抽象地談論著。的確，「純粹物理學」是所有科學中最抽象的。

因而簡單地論斷有不以我們本身爲轉移的「物質世界」，就只是論斷一種抽象的東西而已。而這是像葛蘭西這樣的馬克思主義者在批判抽象的形而上學「唯物主義」時一直抨擊的東西，也是劉易斯一直抨擊的東西。

馬克思主義和馬克思列寧主義並不認爲，把「世界」當作是不以我們爲轉移、不以「認識它的主觀性」爲轉移而存在著，我們才完全得以逐漸認識這一「世界」。馬克思主義正如阿圖塞說的，完全反對說知識只限於認識「認識的主體性」的唯心主義。不過它也反對以爲知識只是關於獨立存在於跟「人」的聯繫之外的那些東西的抽象知識而已的這一看法。

隨著阿圖塞把一個抽象「論點」對立地擺出來反對另一個抽象「論點」，辯證唯物主義就完全不見了。

五、馬克思思想的形成

阿圖塞在他答辯的後一部份斷定(雖然也許更多地是由於憂傷,而不是氣憤),劉易斯所舉出的「論點」只能使工人「解除武裝」。因爲,他說,如果告訴工人說「是人創造了歷史」,那「有助於使他們認爲,他們」正當作爲「人」的時候,才「是萬能的」。我們也可以說,告訴工人「是群衆創造了歷史」會使他們解除武裝,因爲這「有助於使」他們認爲,他們正當作爲在群衆行動中毫無顧忌地猛打猛衝的群衆時,才是萬能的。事實是,所有一切只是抽象的「論點」,**即使以最樂觀的看法來看**也是無用的。馬克思主義並不是用抽象的「論點」來「武裝」工人的,而是用列寧所說的「具體情況具體分析」❺。

這就終於把我們引到「馬克思思想的形成」的一些問題上來了。關於這個問題,劉易斯指責阿圖塞不懂,而阿圖塞回答說,劉易斯把馬克思的《一八四四年經濟學哲學手稿》(和同一時期的其他著作)當作是馬克思主義立場的表述,它們實際上卻根本不是這種東西。

阿圖塞說,任何一位馬克思主義者都不應該毫無保留地把在《一八四四年經濟學哲學手稿》中所寫的東西當作是「馬克思主義」接受下來,我想他這樣說是對的。但是他比這走得更遠。因爲他把馬克思後期的著作拿出來反對早期的著作,因此像通常那樣,給我們提出一種**對立**——一方面是一八四四年的著作,另一方面是一八四五年及以后的著作。結果,他不得不宣佈有一個把一方與另一方分隔開來的「斷裂」。由於使事物處於對立之中,他只能說一方取代另一方,並把另一方抹掉。他忽略了實際的發展,在這種發展中,已經在早期立場中成形的後期立場，繼續提出以前提出過的基本論點。

因爲阿圖塞擺出對立，他用自己頭腦中事先就想好了的關於馬克思主義怎樣取代前馬克思主義的架構，來探討關於馬克思著作的研究。而且他能夠宣稱，這個架構是從事實中得出的，因爲對任何事先就想好了的架構，我們總可以找到經過選擇的事實來證實它❻。

至於從一八四五年起的著作，阿圖塞說，馬克思在其中開始「提出了許多」爲一門新科學「奠定」「基礎」的「新概念」——**「生產方式、生產力、生產關係、基礎—上層建築、意識形態**等等」，這毫無疑問是正確的。正是在這個時期而不是在更早的時候，馬克思系統地闡述了「歷史科學」(其實，可以更廣泛地稱作「人和社會的科學」)的基本概念。

「斷裂」的問題

所以，在一八四五年以後肯定發生了斷裂或突破。但是，難道這意味著用一門新科學完全**取代**馬克思在一八四四年之前所寫的一切嗎？特別是，難道這門其基本概念只是在一八四五年以後才被確切表述的**科學**，眞的取代和抹去了馬克思在一八四四年曾稱之爲「人道主義」的一般觀點嗎？全部內容作爲對馬克思主義的貢獻而被後來的科學成就抵銷了的著作，就是《一八四四年經濟學哲學手稿》和一八四四年的《黑格爾法哲學批判》(*Critique of Hegel's Philosophy of Law*)嗎？

不。馬克思在他一八四四年的著作中所闡述的觀點，實際上提供了走向不久之後獲得的科學突破的直接通道。

的確，跟馬克思在一八四四年**以前**寫的革命民主報刊文章相比，實際上**在一八四四年**發生了巨大的變化。確實，在《一八四四年經濟學哲學手稿》和《黑格爾法哲學批判》中，他開始徹底批判他以前的觀點，並且大致闡述了一種直接導致他後來全部成就的新觀點。

在一八四四年的《黑格爾法哲學批判》中，馬克思批判了黑格爾把國家看作是「凌駕於」那時所謂「市民社會」之上的超等力量的理論，指出了這一可以驗證的實際歷史事實：國家本身是市民社會發展的產物，旨在保護財產和有產者的利益。對黑格爾國家哲學（「法哲學」的核心部份）的這種批判，標誌著馬克思主義的階級鬥爭、革命政治和無產階級專政理論的開端。對於整個以後革命馬克思主義所發展的觀點來說，這是基礎。

阿圖塞談到一八四五年的「認識論上的斷裂」。但是在這裡，每一個人都可清楚地看到，「認識論上的斷裂」在一八四四年還不到時候就宣佈了。不是像阿圖塞頗爲令人費解地想在他的「自我批評」中詳細說明的那樣，不是馬克思的「政治演變」先於在他的科學發現或「認識論上的斷裂」之前發生的他的「哲學演變」。當一個人想爲一個預先想好的「論點」辯護時，他怎麼能夠拐彎抹角彎彎扭扭呢？這就是脫離開從國家**理念**演繹出在經驗上證實的國家**現實**這一唯心主義體系，走向國家**觀念**或理論建立在經驗上證實的國家**現實**上面這一唯物和科學方法的一種斷裂。換句話說（如果像「認識論上的」這種詞語有任何意義的話，但它們有時多半沒有任何意義），這是一種「認識論上的斷裂」。

《經濟學哲學手稿》

現在來看《一八四四年經濟學哲學手稿》，我們發現，它是以這樣一節結束的，在那裡馬克思把他對黑格爾國家哲學的反對意見概括爲對「黑格爾的辯證法和整個哲學」的批判。阿圖塞本人在《保衛馬克思》

中也頗令人信服地論證說，馬克思並不是簡單地把黑格爾辯證法「拿過來」，而是把它變成了某種完全不同的東西。那麼正是在《一八四四年經濟學哲學手稿》中，馬克思才十分清楚地宣佈了這就是必須做的事情。

但是，阿圖塞說，馬克思在一八四四年仍然熱衷於以「哲學範疇」姿態出現的「異化」和「否定的否定」。只是後來，「這些(兩個)從過去承襲下來的……哲學範疇」才消失了。不，正是在《一八四四年經濟學哲學手稿》中馬克思才批判了「哲學範疇」，雖然千眞萬確，他最後在一八四四年還是沒能成功的把它們消除掉。這是因爲他還沒能成功的有系統闡述關於「人」的**基本科學概念**。

黑格爾說，「哲學範疇」總得在現實過程把本身體現出來，所以我們只有通過從先在頭腦中有的「哲學範疇」推演出現實過程的辦法才能最終理解現實過程❼。所以他說，在人類生活中被用「異化」這個詞語描述的所有過程，都可以按照最終通過「否定的否定」「回到自身」之前在外在過程完成一種「自我異化」的心靈或精神推演出來，並取得理解。

但是，馬克思在一八四四年說，這一切都是胡說八道。相反，我們必須研究生活和社會的現實過程，然後再用我們所發現的現實來說明所發生的事情，取得關於它的一般觀念和結論。所以，在《一八四四年經濟學哲學手稿》的序言中他堅持說：「我的結論是通過完全經驗的分析得出的」，雖然像我們將要看到的，他這樣說的理由還不是十分充分。

《一八四四年經濟學哲學手稿》從討論工資、利潤和地租開始，進而說明，作爲整個人類社會基礎的勞動，由於勞動者爲他人勞動、他的工具和產品成爲他人財產的結果，已成爲「外化」或「異化」了。在這裡，馬克思並不是從「異化」的「哲學範疇」推演出「異化勞動」，而是像他在人類社會中發現它的那樣來論述它。

那麼在一八四四年，馬克思實際上提出並開始對一般人類社會、特別是資本主義社會進行「完全經驗的分析」的科學工作，並且以後終生從事這一工作。阿圖塞說得完全正確，在這一工作中，只有當馬克思設法清楚明確地爲這個領域的科學闡述了「基本概念」——「生產力」、「生產關係」等等——的時候，才達到了一個「不歸點」。只有在那以後，他的研究才能具有它以後才具有的那種嚴謹的科學性質。

當然，《一八四四年經濟學哲學手稿》不是像《資本論》那樣的科學著作。在這種意義上，《資本論》的確取代了《一八四四年經濟學哲學手稿》。但是它藉以取代的方式，不是**拒絕**《一八四四年經濟學哲學手稿》中對「異化」和「異化勞動」的說明，而是相反，是給他當時只是以很籠統的方式和含糊不清、模稜兩可的語言提出和描述的東西，提供一種嚴謹的科學的分析。

異化

從阿圖塞看來，這一切解釋了馬克思在他後期某些嚴謹的科學著作中仍然使用「異化」這個詞語這一相當難堪的事實。無論如何，這不是像阿圖塞似乎認爲的那樣，是一種「斷斷續續的出現」，即馬克思偶而陷入到他的科學出現以前的時期那種混亂和拙劣語言中去。他繼續在任何**合適**的時候使用「異化」這個詞語——在《政治經濟學批判大綱》中使用得十分頻繁，那裡包含有長篇分析，討論關於分工、私有制和剝削對於一般人的關係的影響，這些影響我們可以很合適地稱作「異化」的影響；在《資本論》中使用得較少；而在《共產黨宣言》中完全沒有使用，因爲這種專門術語簡直不適合於一個政黨的公開宣言所要求的風格。

在《一八四四年經濟學哲學手稿》中，「異化」這個詞語是被當作一個籠統的、多含義的詞語，用來描述人類生活中由於分工和私有制而產生出來、只有實現共產主義才能克服的全部現象。當這些現象在馬克思後來的著作中經過科學的研究和分析時，一個分析性的科學術語照例就很貼切地取代了這個籠統的、多意義的詞語。

同時，馬克思在一八四四年的確曾把私有制看作是勞動異化的結果，這種看法在某種意義上是從這樣一個觀念推導出來的，即「人類本質的自我異化」先導致勞動被異化，然後導致私有制。所以，雖然他一方面批判「哲學範疇」，另一方面他還是求助於「哲學範疇」作爲解釋中的最後因素。其後，從一八四六年的《德意志意識形態》開始，他(和恩格斯)開始努力講清楚所有的「異化」現象是如何由隨著生產力發展而實行的分工所引起的。

馬克思在《一八四四年經濟學哲學手稿》中對「異化」的論述，事實上是前後矛盾的。一方面是有大量人類生活的事實；這些事實有待科學地研究，以便看出我們怎樣才能在革命實踐中消除它們。另一方面是有「哲學範疇」；他仍然暗中認爲，無論是這些事實還是消滅它們的過程，歸根到底都必須按照這些「哲學範疇」來理解。

《一八四四年經濟學哲學手稿》的主要弱點在於馬克思在一八四四年理解——或者仍然是誤解——**共產主義**的方式❽，就此而論，一八四四年的觀點的確是被**科學**共產主義的觀點**取代**了，因此把一八四四年的著作當作馬克思主義的「福音」，就嚴重錯誤了。

共產主義

共產主義在一八四四年被明白無誤地描述爲「千年至福」(millennium)的極至。共產主義的概念仍然是「千年至福的」,在這一方面仍然是「空想的」。反覆強調的是工人階級遭受的「非人化」。的確,工人被描寫爲注定要喪失一切與人相似的東西,直至被「異化勞動」淪爲可以稱作一具僵屍(如果當時流行這個詞語的話)的狀況。隨之非常明確和欠妥地提出一種「絕對貧困化」學說。工人們的狀況在每一天和每一個方面都必然無情地每況愈下。最後,他們將起來造反。於是一切都將走向反面。人們從被非人化,將全都變成最眞正意義上的「人」。甚至人的感覺也將發生變化,成爲「眞正的」人的感覺!自然和人將因而處於一種完全而持續的和諧狀態。

共產主義就這樣被描述爲復歸到「自身」的「人的本質」。這是「否定的否定」。人必須完全非人化,以便通過對這種非人狀況的否定而最終成爲完全的人。

在這個學說中不難認出人類墮落和新耶路撒冷(New Jerusalem)在最可怖的不幸之後來臨的翻版。這種關於工人非人化和人性最終實現的說明,事實上掩蓋了馬克思後來終於很透徹理解了的東西(在很大程度上應歸功於恩格斯的影響,恩格斯先在英國直接了解了工人,馬克思只是在一八四五年才開始和他合作)——即工人們能夠結束資本主義並向共產主義前進,並不是通過被非人化,僅僅在淪爲低等人類的狀況時才奮起,而是通過運用才智和組織起來。

恩格斯後來寫道,馬克思主義把社會主義從空想變成了科學。這說得極其正確。可是在一八四四年,馬克思仍然在烏托邦的幻想下工作。

《一八四四年經濟學哲學手稿》中的千年至福說和烏托邦主義，一如後來成爲非常顯而易見的那樣，是跟把從黑格爾那裡取來的「否定的否定」作爲一個「哲學範疇」有直接關係。當工人們在異化勞動中被弄得徹底非人化以後，就必須實現「否定的否定」。這種哲學演繹得到便於進行分析運轉中的社會、經濟和政治過程的地位，並取代關於運轉中的社會、經濟和政治過程這一分析——然而這種分析在這同一部著作中討論「異化」時就已經開始了，而且在馬克思因爲把基本的概念用來進行這種分析，成功地闡述了這些概念以後，他就把這種分析放在科學的基礎之上了❾。

六、馬克思主義和「人道主義」

那麼，我們到底能從阿圖塞跟劉易斯的爭論中得出什麼結論呢？

劉易斯談論到「人」(man)，當時他講的意思是「人」(men)的意思，而且他毫無無批判地把《一八四四年經濟學哲學手稿》看作是馬克思主義的一種基本的、有發展性的表述，而沒有想到，它們是在馬克思爲理解人們的事務而取得他關於基本科學概念的闡述之前產生出來的。但講到阿圖塞，阿圖塞則是一個似乎沒有抓住唯物主義辯證法全部蘊涵的馬克思主義者。這使得他不理解別的馬克思主義者想要說的東西，因爲他想把它歸結爲一套簡單化了的抽象「論點」；這也使得他本人提出他自己的簡單化了的抽象「論點」。如果他認爲這是把嚴謹科學的提法引進馬克思主義的話，那麼在我看來他是錯了。

特別是，而且這也許是主要的問題，他被錯誤地引導到在科學唯物主義的馬克思主義跟「人道主義」之間擺出一種尖銳對立。他認爲，馬克思一八四四年著作的錯誤在於馬克思當時仍然是一個資產階級的「人道主義者」(談論「人」)。儘管我完全同意他關於一八四四年的著作還不是科學馬克思主義的觀點，但是在我看來，這也還不是正確的診斷。

繼承人道主義的傳統

「馬克思主義」這個詞語具有相當確切的含義，而「人道主義」這個詞語則不具有。「唯物主義」也不具有，雖然「辯證唯物主義」具有。人道主義是一種廣泛而含糊的**傳統**，把這個傳統統一起來的特徵，就是確信人們能料理自己的事情而不屈從於「神的」或「超自然的」支配或干預，而且正如馬克思本人在《黑格爾法哲學批判》中所寫的那樣，「人是人的最高本質」。順便說一下，馬克思是爲了反對那樣的一些人而這樣寫的，那些人認爲，一些人只是從屬於另一些人統治的「奴隸」或「對象」，而所有的人都只是上帝的造物。所以，儘管使用了「人」這個詞語，馬克思的意思在其上下文中還可算得是清楚的。

因此，馬克思主義**毫無疑問地**繼承了人道主義的傳統——正像它繼承了唯物主義的傳統一樣(不是所有的人道主義都是唯物主義)。所以，馬克思從來沒有必要收回他在一八四四年所說的關於人道主義的話。事實上，在《神聖家族》中(寫於一八四五年，因此剛好擦邊進入「阿圖塞聖典」，它包含有對**唯物主義**觀點很突出的說明)，馬克思和恩格斯實際上把唯物主義、人道主義和共產主義**等同起來**了。

阿圖塞不幸任由自己可以證明是正當地反對各種牌號的**資產階級**人道主義的作法，把自己引導到將馬克思主義對立地擺出來反對人道主義。特別是，他反對他的同胞加羅蒂想用資產階級的人道主義取代馬克思主義所做的努力，使得他提出反對加羅蒂的人道主義論點的那些反人道主義的論點。

但是，馬克思主義是一種關於人、關於人如何才能爲自己解決人類命運的科學理論。馬克思主義的確尊重「自由」、「平等」和「人的自由」。它去除這些概念（我幾乎要稱它們爲「高尚」的概念）的唯心主義雜質和資產階級的虛僞，並且表明怎樣才能贏得一種完全的人的自由並成爲我們奮鬥的目標。那就是人道主義。

---

❶當劉易斯宣稱他關心哲學的眞理時，阿圖塞說他是一個忽視哲學中的階級鬥爭，從而破壞工人階級革命立場的資產階級唯心主義者。但是，劉易斯不關心哲學中的階級鬥爭，決不超過阿圖塞本人不關心哲學的眞理，不管他自己怎麼說。

❷阿圖塞進一步斷言：「哲學在科學有歷史的意義上沒有歷史。」但是哲學的歷史和科學的歷史都同樣是從人類實踐中提出問題，找出處理這些問題的方法，並把問題聯繫起來的歷史。

馬克思和恩格斯在《德意志意識形態》中說，意識形態和理論一般來說沒有**獨立的**歷史，因爲「那些發展著自己的物質生產和物質交往的人們，在改變自己的這個現實存在的同時也改變著自己的思維和思維的產物。」在這個意義上，哲學當然「沒有歷史」。但是科學也沒有歷史。沒有獨立於科學的歷史之外的哲學的歷史，也沒有獨立於「那些發展著自己的物質生產和物質交往的人們」的歷史之外的歷史。

人們在「發展著自己的物質生產和物質交往」的過程中，發展著關於自身和世界的理論，與此相聯繫，發展著關於目的、目標和價值的觀念，在其中，人們的特殊的、一般由階級決定的目的、目標和價值常常在意識形態上被僞裝成上帝或宇宙的「客觀的」目的、目標和價值。在哲學中，這種敵對階級的敵對意識形態發生衝突，並「在理論領域中」一決雌雄。正如阿圖塞說的，這是「理論領域中的階級鬥爭」，而且的確是跟科學相對立的「理論領域中的政治」。

但是這種對立的意思是，**科學**作爲科學來說，跟我們達到我們關於目的、目標和價值的概念沒有任何關係。的確，對於剝削階級來說，它是沒有多大關係；因此，在**資產階級**哲學中通常都堅持認爲，科學只關心「事實」，跟「價值」毫無關係。但是對馬克思主義來說，我們的目的、目標和價值**不**應該脫離開我們人類條件的現實，脫離開人類思維的過程和「規律」來表達。馬克思必須拒絕資產階級意識形態將「事實」與「價值」分開的作法。然而，阿圖塞的一方面是「理論領域中的階級鬥爭」另一方面是科學的對立，卻正是建立在這種分離的基礎之上的。

❸在實際的歷史中，「群衆」的運動在一切最具決定性的歷史事件中起著一種決定性的作用。但是說「群衆」在一切地方、一切時期都永遠不變地在決定歷史的進程中起著作用，則完全不對。確實，直到一九一七年，各種剝削階級的決定作用是十分顯著的。例如，人們可以正確無誤地說「群衆」創造了一七八九年的法國革命，但是實際上隨後產生的社會在很大程度上是由法國資產階級而完全不是由「群衆」塑造的。

❹阿圖塞本人在認識論問題上遇到一點小小的麻煩，由他接著這樣主張可以看出：「科學知識……實際上是沒有眞正主體或目的的複雜過程的結果。」

但是，科學知識是通過個體的人的活動(大多數是聯合的或協作的活動)獲得和創造的。由有意識的人的活動創造某種結果的任何過程，大大不同於任何沒有人的活動參與的過程。如果「主體」這個詞語的意義是指一個有意識的能動地把自己跟客體、把客體跟自己聯繫起來的人的個體，那麼在這個意義上人的活動是有「主體」的，這個「主體」就是從事這些活動的人們。所以很明顯，科學知識是一個**的確**有「主體」即能動的人們的複雜過程的結果。它作爲有意識的人的活動，**的確**有「目的」，就是說，它是爲了設法「認識存在著的東西」，以便人們能夠在實踐中把情況瞭解得更清楚。

❺馬克思主義是用這種方式來武裝工人的關於人和社會的**科學**。馬克思發現並系統闡述了這門科學的基本概念。這使得他和在他之後的馬克思主義開始理解到人和自然以及自然科學和社會科學之間的關係，並通過取得一種科學的哲學的方式來鞏固這一理解並使這一理解能夠圓融。這種科學的哲學把自然和人的各門科學成果當作它的前提條件，並以制定指導革命實踐的革命思維「規律」來補充它們。

❻這的確很像美國普林斯頓大學(Princeton University)庫恩(Thomas Kuhn)教授最近所提關於科學史的架構，根據這種架構，時而發生從一批基本概念到另一批基本概念的突然飛躍，他稱之爲「典範的轉換」。在阿圖塞看來，馬克思在一八四四年使用一種「典範」，在一八四五年轉換成另一種完全不同的「典範」。但是現實生活不像那樣。

❼說到專門術語，黑格爾肯定不會把「異化」和「否定的否定」放在一起，並稱之爲「哲學範疇」。但是爲了省事，我仿效了阿圖塞非常不嚴謹的表述。

❽順便說一下，這個弱點說明馬克思爲什麼在一八四四年對費爾巴哈有相當不具有批判性的讚揚，正像阿圖塞指出的，到後來批判就多得多了。

❾至於阿圖塞認爲不幸的在《資本論》中提到「否定的否定」，那麼從上下文可以看得十分清楚，馬克思並**不**把生產者在資本主義制度下失去了個人特性而在社會主義制度下得到了恢復，看成是一個哲學範疇在人類事務中不可抗拒地實現的結果。因此，它就不是一個「哲學範疇」在馬克思著作中「斷繼續續的出現」的例

證。馬克思只是在指出(在旁白中),「否定的否定」這一黑格爾的哲學範疇實際上是現實過程特有的一種發展模式的「反映」,而黑格爾卻把現實過程設想爲這個範疇的「實現」。

8 阿圖塞問題的辯論

格雷

在阿圖塞答覆劉易斯的第一部份裡，有一點關係到知識論。似乎是這兩個人的話失之交臂的一個明顯例子。在第九七、九八頁上我們讀到：

「**3.第三個論點**

劉易斯：人(man)只認識他自己所做的東西。

馬克思列寧主義(阿圖塞的觀點)：人(one)只能認識存在著的東西。

很大的差別！在劉易斯看來，人只認識他自己『做』的東西。在辯證唯物主義、馬克思列寧主義哲學看來，人只能認識**存在著**的東西，而且意味著，存在著的東西既是**物質的**(即跟能夠認識它的思維的『**精神**』性質有別的)，又是**客觀的**(即獨立於認識它的主觀性之外而存在著。」(見本書阿圖塞的〈答劉易斯(自我批評)〉，頁九七、九八)*

唯恐被別人指責爲斷章取義，讓我補充一句，我已經閱讀了並且領會了後面所說的東西，阿圖塞在那裡繼續說道：

「這當然並不意味著，馬克思主義哲學否定思維的『能動性』，否定實際的科學工作、自然科學實驗的工作或政治工作(對馬克思主義者說來即無產階級的階級鬥爭)所代表的歷史實驗的工作。」

在探討阿圖塞闡述的要點以前，讓我首先指出，在開頭他劃了著重號的兩種說法之間，即在人(one 或 man)，在上下文中沒有任何差別)只能認識存在著的東西**和**人**只能通過他所做的東西**認識這種東西這兩種說法之間，絕對沒有任何邏輯上的矛盾。這正是阿圖塞漏失掉，從而陷入機械唯物主義陷阱的綜合。

思維和物質

但是，在這方面，阿圖塞只是陷入這同一陷阱的一長串馬克斯主義者中最近的一個人。事實上，該是我們很嚴肅地考察這個認爲思維**從屬於**物質這一教條的時候了。也許馬克思這樣說過，也許他沒有這樣說。不管怎麼樣，這不是一個正確的說法。讓我們首先來著手把它糾正過來，然後，**如果有需要的話**，做列寧在給《唯物主義和經驗批判主義》第一版寫的序言中所囑咐的事情：

「正統派在反對馬克思的過時見解時(例如梅林 Franz Mehring 反對某些歷史論點)，總是把話說得非常明確、非常詳細，從來沒有人在這類論著中找到過一點模棱兩可的地方。」

這一點在我們看來是這樣的。如果除了物質過程之外什麼都不存在，那麼思維本身就是一種物質過程，因爲只有傻瓜才會否認它的存在。因此，除了在部份從屬於整體的這個意義上外，思維不能**從屬於**物質。使思維從屬於物質(除了在我剛才指出的意義之外)，是**使思維**與物質**分離開來**，這正是唯心主義者的錯誤，只不過他們把順序顚倒過來，將思維置於物質之上。

在說思維是物質過程時，我並不只是指大腦中發生的電—化學過程，即總是伴隨著我們思維的主觀經驗的、在客觀上可測量的一連串神經脈衝，而是指**整個客觀的和主觀的**過程。如果說它是一種物質過程，那麼它的整體必須是物質過程，而不僅僅是客觀部份。主觀的部份也是物質的，不然我們就會被推回到唯心主義和機械唯物主義這對孿生雙胞胎的懷抱中。

知覺即使在最低的層次上也是一種能動的過程，而不是被動的過程。例如，如果我們迫使眼睛完全被動，不能依照在眼中形成的影像而運動，那麼我們就不能形成完整的影像，而只能看到一些片斷的影像，它們動來動去，逐漸消逝並被別的片斷影像所取代。為了準確地觀察，我們必須能動地參與影像構成或知覺的過程。而且，這一影像的性質在某種程度上是由我們個人的能動性在這一構成過程中的正確性質所決定的。在最低的層次上，例如在最初步的視覺影像的形成中，這一能動性是我們通常完全不知不覺的東西，即一種無意識的能動性，但在較高的層次上，我們開始在某種程度上察覺到它。認識過程中包含有這種本質的、能動的參與，是劉易斯的論點中的眞理成份。阿圖塞承認科學實驗和階級鬥爭中的**有意識的**能動性，並未能保全他自己的立場，因爲這只是一種更一般得多的能動性的最高層次，而這種能動性的絕大部份是無意識的。

理解不可避免要能動地參與被觀察的過程的觀察者，比不理解這點的人會觀察得更好，因爲當他能適當地有意識估量自己能動性的後果時，就能夠指引自己進入最佳的觀察點。這一點沒有比在革命過程中表現得更清楚的了，因爲要了解革命，人們就必須滿懷激情地投身進去，全神貫注，「能夠睁大著眼睛隨著激流向前游去」。

客觀的和主觀的

那麼我們應該怎樣理解阿圖塞的論點——**客觀的**(即不以認識它的主觀性爲轉移而存在著)——這最後一部份呢? 這是以另一種形式來表達的一個基本教條，即客觀的東西能**不以**主觀的東西爲轉移而存在著，或者相反，主觀的東西能不以客觀的東西爲轉移而存在著。事實上，它們是不可分割的統一體。基本的錯誤在於未能看到，主觀的東西只有作爲可能存在於任何地方的一個點的「內在性」才能有意義。這裡涉及的數學概念出自拓樸學，討論起來會離題太遠。不過可以用幾個例子把它的意義說清楚。

我用右手食指去觸摸我的左手掌心。我「感覺」到手指在我的左手中, 所以感覺是一件事的主觀方面, 這件事對我的視覺說來是客觀的, 而如果我能夠聽到指甲在皮膚上的磨擦聲，那麼對我的聽覺說來也是客觀的。發生在同一點上的同一件事被同一個人在同一時刻旣主觀地又客觀地體驗到。我可以用同樣的方式摸遍我的周身，體驗到同時旣是主觀的又是客觀的情況。提出反對，說「意識」是在大腦中，它在神經末稍只是一種幻覺，那是毫無意義的，因爲我們只需問一句「它」在大腦中的什麼地方, 就足以表明這種反對意見的愚蠢了。笛卡兒(Réné Descartes)是認眞地提出這種主張的最後一個思想家。

如果我們問意識在物種進化中的作用是什麼，那麼立刻就可以理解，意識的一個特定點只有就一個特定的客觀的點或事而論才能有意義, 說意識**被安置**在一個地方而在另一個地方被體驗到是毫無意義的。相互獨立的不是主觀的東西和客觀的東西，而是被體驗到的獨立的點和事。而且，這種獨立只是相對的，不是絕對的，甚至在人和人之間。因爲即使不主張心靈感應(順便說，心靈感應並不是一個與唯物主義相衝突的概念)，也有可能進入另一個人的感情，在很高的程度上與之**神會**，從而把一個人的主觀體驗擴展到他自己的軀體之外。這種神會就是社會意識、**階級**意識的基礎。

我不爲劉易斯的疏忽辯護，阿圖塞對它們已正確地注意到了，然而他自己的錯誤更加危險，因爲正如史大林曾在另一情況下說過的那樣，「這是一個我們沒有看到的錯誤」。而且，它還是這樣的一種錯誤，它通過把神聖性賦予考慮欠周的一次論戰這一辦法，使教條主義永垂不朽。

---

*這段引文跟原著有一些出入；引文中有漏段部份，作者沒有標明出來。——中文版譯者。

9 阿圖塞問題的辯論

格蘭特

「但是，任何意識形態一經產生，就同現有的觀念材料結合而發展起來，並對這些材料作進一步的加工；不然，它就不是意識形態了，就是說，它就不是把思想當作獨立地發展的、僅僅服從自身規律的獨立本質來處理了。」❶

我要從一開始就堅持，恩格斯的話可以用來準確地描述劉易斯文章的特徵；我也要承認和堅持如果情況如此而必然得出的結論。這些結論就是，劉易斯的文章是反馬克思主義的、反唯物主義的和反科學的，總之，是唯心主義的。

唯心主義和思想

唯心主義「把思想當作獨立本質來處理」，必然包括這樣一種方法，即「非常多的時候是比較仰賴思想的自由聯想，或者仰賴術語的單純比較，而較少仰賴歷史的批判。」❷這個方法是「**三種**總是在它裡頭悄悄地活動的**理論前提**為基礎的。**第一個前提是分析性的**：它主張，任何的理論體系和任何構成了的思想都是**可以歸結為它的各種組成成份的**：這是能夠讓我們**獨立地**思考這一體系的任何組成成份，以及把它拿來跟**另個**體系的**另個**類似的組成成份比較的一個前提。**第二個前提是目的論的**：它設置了一個**裁判**提交來給它的這些思想，或者說得明確一點，允許把（不同的）體系分解爲它們的各個組成成份，把這些組成成份作爲組成成份加以制定，目的是要按照它自己的規範來進行衡量，好像就是要取得**它們的眞理**的歷史秘密法庭。最後，這兩種前提是取決於把思想史看成是自己的組成成份的第三種前提；這第三種前提認爲，在這裡所發生的一切事情沒有一樣不是思想史本身的產物，而意識形態的世界則是**它自己可以讓人理解的原則**。」❸

這個方法的直接結果，對劉易斯說來就是實際否認一個概念的意義是它從中產生的這一理論言說的作用。在他看來，一切概念都是理論概念，或者這樣說也一樣，一切理論概念都只是詞語。因此，像「異化」這樣一個詞語，被認爲不管上下文如何，是具有同樣的意義（大概是我們在任何一部標準辭典中都能讀到的意義！）。但是這樣把任何作品分解爲它們的各個組成成份，即資產階級學究的實踐賴以存在的作法（馬克思稱之爲「把概念歸併在一起的方法」❹），就完全忽略了理論體系的產生是人類實踐（這裡是指理論實踐）**歷史決定**的結果這一歷史問題。當然，對於自認爲是「它自己可以讓人理解的原則」的意識形態實踐說來，這種問題不具有任何意義。然而，馬克思主義者們要堅持，「哲學思想的演變必須從社會的眞正發展出發去考察」❺。（至於指導對理論形態進行**唯物主義**研究的原則要點，請讀者參看《保衛馬克思》（英文版），頁六二～六三）。

「斷裂」

劉易斯認爲阿圖塞用的就是這個方法，這正是上面詳細說明的這個方法的一個必然結果！這樣，精確說明了的「斷裂」概念被轉變成爲一個「基本的假設」。劉易斯對這個概念的論述令人懷疑他是否熟悉有關的文章。他告訴我們，阿圖塞給「斷裂」提出的證據是馬克思關於要「清算」的話。但是，「馬克思自己證實的而且……把這種斷裂……放在……的引述，只能夠把它當作是一個需要考察的聲明，而且證明它是對或是錯，不能把它當作是斷裂存在的一種證明和斷裂所在的一項說明。」❻爲了進行這一考察所包含的理論加工，阿圖塞使用了兩個概念，它們本身是「把直觀和表象加工成概念」(馬克思《政治經濟學批判大綱》)這一過程的產物。

這兩個概念一個是「**問題設定**」的概念，「來指出理論形態的特定統一體以及被認定是這項特殊差異的所在位置，……指出……區分兩個不同理論形態的特殊差異性的所在位置。」❼(例如，今天我們如果要成功地識別修正主義，這種理論上的清晰性就很重要。不言而喻，這種識別是我們成功地反對修正主義的前提條件。列寧告誡我們，「沒有革命的理論，就不可能有革命的運動」，決非隨便說出的。)

第二個是「用『**認識論上的斷裂**』這個概念，來指出在當時的理論問題設定中具有科學學科基礎的這種變動。」❽(例如，今天我們如果要成功地識別辯證法的特殊性，這種理論上的清晰性就很重要。不言而喻，這種識別是我們成功地反對唯心主義的前提條件。)我應該補充一句，這兩個概念「存在於馬克思的科學思想中而且也在馬克思的科學思想中活躍著，即使這種呈現在實際的狀態中是最頻繁。」❾

對使用這兩個概念最明確的認可，可以在恩格斯給《資本論》第二卷寫的序言「具有非凡理論深度的幾頁」中找到。恩格斯在那裡毫不含糊地把馬克思「發現」剩餘價値與拉瓦錫（Autoine-Laureut Lavoisier）「發現」氧氣相提並論，前一個「發現」已由古典經濟學家們做過，後一個則由普利斯特列（Joseph Priestley）做過。但是在這一切面前，劉易斯只不過是一個「至死堅持燃素，而不想對氧氣有所理解的老普利斯特列」（恩格斯）。

劉易斯對這個概念未能理解，導致其他一些錯誤的提法。例如，他說阿圖塞把「斷裂」看成是「突然而崎嶇的」；但是阿圖塞十分明確地告訴我們，「要跟理論的過去決裂，不是一下子就能夠辦到的：無論如何，詞語和概念是需要跟詞語和概念決裂的，在整個尋找新詞語的期間，總是舊的詞語就得擔負起決裂行爲的責任。」❿從這種非常明確的論點來看，劉易斯竟然接著阿圖塞在《德意志意識形態》這一層次把「斷裂」的位置找出來的論點，把一些**詞語**在馬克思的作品中連續出現繼續補充作爲否認「斷裂」的證據（甚至計算了「異化」這一詞語在《政治經濟學批判大綱》中出現的次數），這是很奇怪的。我要補充一句，把「斷裂」說成是「突然而崎嶇的」，是與阿圖塞所採用的並在《保衛馬克思》（頁三三～三五）中詳細說明了的關於馬克思著作的分期法完全不相容的，這一分期法明確地談到了「斷裂時的著作」和「過渡時期的著作」。

劉易斯論「斷裂」

劉易斯關於「斷裂」還有別的一些看法，稍爲使我們能夠把他自己的立場找出來。例如，在長篇累牘地批駁阿圖塞之後，他自己暗中變卦，用「發展」的概念來取代「斷裂」；馬克思並不「駁斥」他的「早期觀點」，而是「繼續和發展這部手稿的論據」⓫。同樣，「馬克思曾在很大程度上受惠於費爾巴哈」⓬。而「『清算』黑格爾並不是拋棄他(決不比『清算』這個措詞在商務中所意味的更多)」⓭。(最後這個說法在其中一種小鉛字中抓住了分析上的目的論的方法。在這裡清算的人無非就是在內心深處沒有覺察到意識形態時，在缺乏關於理論生產的理論這一情況下這種方法必然訴諸的「歷史秘密法庭」。)我在這裡篇幅不夠，沒有辦法深入考察是這種方法的基礎的這一唯心主義「解讀」和「觀點」的神話。(讀者將在《解讀〈資本論〉》第一部份〈從《資本論》到馬克思的哲學〉⓮中讀到關於它們在理論歷史中的地位的一種論述)。

然而，讓我列舉幾個這種取代的後果。首先，否定馬克思著作的任何分期問題；這種否定又相繼引起別的否定：通過否定一定要提出對說明革命變革是必要的這些概念的方法，在知識中否定革命變革；前者是「革命」能成爲任何一個人的詞語，以及隨之像「社會形態」、「生產方式」、「生產關係」、「剩餘價值」和「階級鬥爭」這樣的「詞語」能成爲任何一個人的詞語的途徑。但是劉易斯應該認識到，它從來不全然是詞語的問題。「爲什麼哲學爲詞語而鬥爭呢？階級鬥爭的現實是通過『思想』『展現的』，思想則是通過詞語『展現的』。在科學和哲學的推理中，詞語(概念、範疇)是知識的『工具』。而在政治的、意識形態的和哲學的鬥爭中，詞語也是武器、炸藥或者鎭靜劑和毒藥。有時，全部階級鬥爭在鬥爭中可以概括爲支持一個詞語反對另一個詞語。」⓯

現在讀者若是得悉「馬克思的早期著作，是被社會民主黨人重新挖出來，並且利用來對馬克思列寧主義不利」⓰，就不會感到奇怪了。這種利用的性質就是：否定馬克思哲學的革命特殊性，簡言之，否定馬克思列寧主義是**科學**。這種叛離是我們時代一切社會民主黨的改良主義意識形態的根本，難道需要我把它的政治作用指出來嗎？除非我們堅決反對這種對馬克思列寧主義的攻擊，不然我們就根本不能夠在提出、更不要說在解決我們時代馬克思主義政治實踐所面臨的重大問題——機會主義、改良主義和一切修正主義，它們在想向無產階級隱瞞(不管是否有意)它若要發動和徹底進行反對其壓迫者的革命就必須鍛鍊武器這方面，正在從工人運動內部圍攻無產階級——這方面前進一步，難道需要我把這一點指出來嗎？

人道主義

說到這裡，我們很快就能說明在劉易斯的文章中缺少馬克思的概念；這種缺少必然在他的通篇文章中有所反應這一點，以及這種缺少又還是必然的這一點，是跟其他的概念——人和「人道主義」——的存在有關聯。我應該指出，劉易斯否定馬克思與黑格爾有明確差別這點，是跟他承認「人道主義」有絕對關聯的，兩種立場都是靠在這樣的基礎上把馬克思的早期著作挽救過來；這樣的基礎就是混淆費爾巴哈的問題設定(眞正是把黑格爾「扳正過來」的地方)和馬克思跟形形色色的唯心主義問題設定決裂之後建立起來的問題設定。

這種混淆總是靠援引「具體」(「混淆知識與存在的意識形態概念」)⓱。如果在黑格爾看來「現實」(real)是理念的現象表現，那麼在費爾巴哈看來「抽象」觀念就是思維對現實客體作用的結果。然而，在馬克思看來，「具體總體作爲思想總體、作爲思想具體，事實上是思維的、理解的產物」，而且這種「產物」不是由經驗主義對它錯誤地看作現實的客體的東西不停地思索取得的(現實客體「仍然是在頭腦之外保持著它的獨立性」⓲)，而是由「把直觀和表象加工成概念」⓳取得的。這是科學的作用；「……這個表現形式不同於它所表現的本質關係……。我們關於一切表現形式和隱藏在它們背後的基礎所說的話，在這裡也是適用的。前者是直接地自發地作爲流行的思維形式再生產出來的，而後者只有通過科學才能揭示出來。」⑳ 不管人們如何企圖隱瞞這一事實（這決不是在我們今天才有），《資本論》是這樣一部發現的著作，恩格斯在給第二卷所寫的序言當中對這點說得非常清楚。

這些意見應該有助於使讀者看清，劉易斯說「一向按照馬克思（在《資本論》中）對資本主義矛盾的分析來思考馬克思主義的這批比較傳統類型的馬克思主義者」，並說阿圖塞是「捍衛困難重重的正統的最後一位鬥士」，到底用意何在。這些意見也將有助於讀者使看清，爲什麼阿圖塞特別號召馬克思主義者們在他們反對修正主義意識形態進攻的鬥爭中研究《資本論》。《資本論》成爲這一鬥爭的場所已經不是第一次。讀者會記得，這也是列寧在《什麼是「人民之友」》（*What the 'Friends of the People' Really Are?*）中批判米海洛夫斯基（Nikola Konstantinovich Mikhailovsky）的場所。米海洛夫斯基和劉易斯有驚人的相似之處。列寧在《什麼是「人民之友」》的第一頁就責備米海洛夫斯基斷言馬克思在哪裡也沒有「敍述自己的唯物主義歷史觀」㉑。劉易斯告訴我們，「他（馬克思）並沒有給我們提供任何體系」㉒。列寧對此的回答是，「雖說馬克思沒有遺留下『邏輯』（大寫字母的），但他遺留下《資本論》的**邏輯**。」㉓

劉易斯說，「他（馬克思）所惦記著的是意識、理解、可能性的發展，即在實際社會形勢中的問題、機會和必要性。」㉔但是，列寧告訴我們，「……馬克思關於社會經濟形態發展的自然歷史過程這一基本思想，從根本上摧毀了這種以社會學自命的幼稚說教。馬克思究竟是怎樣得出這個基本思想的呢？他做到這一點所用的方法，就是從社會生活的各種領域中劃分出經濟領域，從一切社會關係中劃分出**生產關係**，即決定其餘一切關係的基本的原始的關係。……在這以前，社會學家在錯綜複雜的社會現象中總是難於分清重要現象和不重要現象……，找不到這種劃分的客觀標準。唯物主義提供了一個完全客觀的標準，它把**生產關係**劃爲社會結構，並使人有可能把主觀主義者認爲不能應用到社會學上來的重複性這個一般科學標準，應用到這些關係上來，……分析物質的社會關係，……立刻就有可能看出重複性和常規性，把各國制度概括爲**社會形態**這個基本概念。」㉕

遭到壓制的階級鬥爭

人道主義及其所謂的異化理論，在壓制《資本論》的同時，也壓制階級鬥爭的概念。通過援引「人」，它對資產階級和無產階級之間不可調和的對立就視若無睹。要做到這一點，它必定要否定《資本論》，因爲《資本論》首先是階級鬥爭的理論。讀者想必已經看出劉易斯的文章中明顯缺乏這個概念。「人道主義」的意識形態專家們會讓我們把《共產黨宣言》的第一句話改寫成：「到目前爲止的一切社會的歷史都是人的自我異化的歷史」。《手稿》最初的復活，爲改良主義的國際所起的正是這種壓制的作用。

至於「異化」，劉易斯用摘自《手稿》中的一段引語來爲這個術語辯護，馬克思在那裡說「工人降低爲商品」。我將讓更年長、更明智的馬克思本人來回答這個年輕時的提法：「（資本和勞動之間的）這種關係要保持下去，勞動力所有者就必須始終把勞動力只出賣一定時間，因

爲他要是把勞動力一下子全部賣光，他就出賣了自己，就從自由人變成奴隸，**從商品所有者變成商品。**」㉖

劉易斯的文章中還有許多深一層的層面我想要討論，但是篇幅有限。然而我不懷疑，《今日馬克思主義》的讀者們在他們自己的研究中會把這些層面繼續討論下去。

---

❶恩格斯，〈路德維希·費爾巴哈和德國古典哲學的終結〉，《馬克思恩格斯全集》，第二十一卷，（北京：人民出版社，一九六五年），頁三四八。

❷ Louis Althusser, *For Marx* (London: New Left Books,1977), p. 55.（以下著重號是本文作者加的。）

❸ *Ibid,* pp. 56-57.

❹馬克思，〈評阿·瓦格納的《政治經濟學教科書》〉，《馬克思恩格斯全集》，第十九卷，（北京：人民出版社，一九六三年），頁四一五。

❺ Joachim Hoeppner. cit. Louis Althusser, *op. cit.,* p. 54. footnote 6.

❻ *Ibid.,* p. 32

❼ *Ibid.*這段引文跟原著的行文前後順序有出入。——中文版譯者。

❽ *Ibid.*

❾ *Ibid.*

❿ *Ibid.,* p. 36.

⓫見本書，頁十二。引文缺著重的粗體。——中文版譯著。

⓬見本書，頁十五。

⓭見本書，頁十三。

⓮ Louis Althusser, *Reading Capital* (London: New Left Books, 1970).

⓯ Louis Althusser, "*Interview*" *L'Unita,* Feb. 68. trans. *New Left Review,* No. 64, 1970；阿圖塞,《列寧和哲學》,（台北：遠流出版公司，一九九○年），頁二八。

⓰ Louis Althusser, *For Marx*，pp. 51.

⓱ Louis Althusser, *Reading Capital*, pp. 40-41.

⓲馬克思,〈經濟學手稿〉(一八五七年～一八五八年),《馬克思恩格斯全集》，第四十六卷(上册)，（北京：人民出版社，一九七九年），頁三九。

⓳同前揭書；Louis Althusser, *Reading Capital*, pp.40-41. 這一段話在《解讀〈資本論〉》的索引中被忽略了，這也許是劉易斯令人遺憾地指責阿圖塞「從未提到」它的原因!

⓴馬克思,〈資本論〉，第一卷,《馬克思恩格斯全集》，第二十三卷，（北京：人民出版社，一九七二年），頁五九三。

㉑列寧,〈什麼是「人民之友」〉,《列寧全集》，第一卷，（北京：人民出版社，一九八四年），頁一○三。

㉒見本書頁三三。

㉓列寧,〈哲學筆記〉,《列寧全集》，第五十五卷，（北京：人民出版社，一九九○年），頁二九○。引文漏著重號。——中文版譯者。

㉔見本書頁三三。

㉕列寧，前揭書，頁一○七～一一○。(著重號是作者原有的。)

㉖馬克思,〈資本論〉，第一卷，頁一九○～一九一。(著重號是本文作者加的。)

10
阿圖塞問題的辯論

里格利

由於在現階段我不能給《今日馬克思主義》寫出一篇完整的「文章」，我想就康福斯另外那篇討論阿圖塞、劉易斯辯論寫得很精彩的文章，提出一個問題來和他討論。這跟他論述「異化」的那一節有關，他在那裡討論了《一八四四年經濟學哲學手稿》。他寫道，馬克思認爲私有財產是勞動異化的結果，接著他從這點出發指責馬克思在解釋中求助於「哲學範疇」，把它們當作最終的因素，然後他又聲稱《手稿》對異化的論述是前後矛盾的。

這些看法全都是不正確的。馬克思寫道：

「私有財產是外化勞動即工人同自然界和自身的外在關係的產物、結果和必然後果。」❶

但是馬克思極其強調這一異化勞動跟私有財產的關係。他接下去把這種關係和神的起源相比較：

「但是對這一概念的分析表明，與其說私有財產表現爲外化勞動的根據和原因，還不如說它是外化勞動的結果，正像神**原先**不是人類理性迷誤的原因，而是人類理性迷誤的結果一樣。後來，這種關係就變成相互作用的關係。」❷

表面上看來，正如康福斯所寫的，好像馬克思是前後矛盾的。但是，理解異化概念對於理解馬克思的思想在他更科學的著作中的發展是重要的。事實上，異化勞動的這一第一性是合乎邏輯的。

很自然，馬克思在這段話中不是指資本積累的歷史發展。他是在給人和自然的關係做結構的分析。我們在幾頁以後找到有關他的意思的線索：

「當人們談到**私有財產**時，認爲他們談的是人之外的東西。而當人們談到勞動時，則認爲是直接談到人本身。」❸

換句話說，馬克思是在探求構成政治經濟學更廣泛的範疇基礎的這一人的現實，並發現表現在異化勞動的活動中的這一人跟自然的關係的現實。從外在於人的活動的範疇（不管是上帝還是私有財產）得出人活動的各種形式，是異化意識所特有的思維方式。馬克思的全部思想都是建立在這種本質上是人道主義的觀點上，說馬克思後來把這種勞動對所有制的關係顚倒過來，是錯誤的。賦予私有財產以力量，使人成爲它的對象，是做康福斯指責阿圖塞的事情，是忽視馬克思思想的辯證性質。如果私有財產看起來統治著人，那麼這是產生異化產物、物化了的「私有財產」的異化活動的結果。《德意志意識形態》採納了這種架構，認爲勞動和活動是比私有財產更根本的東西，並表明所有制形式是由勞動的發展決定的：

「這種生產方式……是這些個人的一定的活動方式、表現他們生活的一定形式、他們的一定的生活方式。」❹

它也同意異化對理解分工的歷史發展極爲重要❺。

由此看來，把事情弄混淆了的不是馬克思，而是康福斯對他的解釋。當然，異化不是一個很有用的分析工具，它是一個過於寬泛的概念，當馬克思寫到它是「一個哲學家們所喜愛的用語」時，大概是意識到了這一點的。但是儘管如此，它仍然是理解馬克思的思想發展一個極爲重要的概念，而且我們必須這樣承認。

❶見馬克思，〈一八四四年經濟學哲學手稿〉，《馬克思恩格斯全集》，第四十二卷，(北京：人民出版社，一九七九年)，頁一〇〇。

❷同前揭書，頁一〇〇。

❸同前揭書，頁一〇二。

❹馬克思和恩格斯，〈德意志意識形態〉，《馬克思恩格斯全集》，第三卷，(北京：人民出版社，一九六〇年)，頁二四。

❺例如，參看同前揭書，頁三九。

11

阿圖塞問題的辯論

雷

我想就康福斯關於阿圖塞答覆劉易斯的評論(一九七三年五月號)提幾個問題。

科學和哲學

科學和哲學之間有一個根本的差別。哲學是一個階級的世界觀。它客觀性的程度由那個特定階級在社會經濟結構中的相對地位來決定。舉一個歷史的例子，資本主義階級通過它對封建主義的反對，闡述了一部破除封建意識形態的謊言和神話的哲學，並在那個範圍探尋眞理。然而，這同一個階級，通過它對工人階級的反對，拋棄了眞理，並確立它自己的神話，以使它對無產階級的壓迫永世長存。所以，在哲學中，有人打算爲一個階級服務，從而取得一定程度的客觀性，這個程度是由該階級的性質決定的。

另一方面，不管剝削階級如何試圖利用科學爲它們服務，科學卻繼續對現實進行探索。整個說來，它展現靜態的階級關係架構內部的一股積極的能動力量；因此，(在以剝削爲基礎的社會中)前者最終要成爲後者的羈絆。

相互聯繫的事物

「辯證唯物主義的全部對象，是認識相互聯繫的事物。」*但是，我們能夠以這樣一種方式來給聯繫下定義，以表明各式各樣的組成成份總是有走向均衡的傾向(例如瓦爾拉 Marie-Esprit Léon Walras 的一般均衡模式)。因此，一個馬克思主義者必須給上述論斷補充這樣一點：有關相互聯繫的事物的知識，只有在它能夠讓我們理解「變革」以及「變革」是由對立力量的衝突引起時，才變得有意義。

---

*這段引言跟康福斯的原文有出入。原文見本書頁一三六。——中文版譯者。

12
阿圖塞問題的辯論

韋頓

在《今日馬克思主義》一九七二年一月和二月號上，發表了劉易斯博士攻擊法國共產黨人阿圖塞觀點的文章。劉易斯博士所表述的意見同時也是對馬克思主義的攻擊。爲了英國馬克思主義的未來，我認爲，討論劉易斯的修正主義比起討論他跟阿圖塞的論爭要更加重要得多。

劉易斯認爲，馬克思到一八四三年就已確立他的基本哲學立場——對黑格爾的《法哲學》進行《黑格爾法哲學批判》(*Critique of Hegel's Philosophy of Right*)是由一個辯證唯物主義者寫的。這一令人驚異的論點，只有當我們認淸劉易斯所說的馬克思主義是什麼意思時才可以理解。這是沒有恩格斯、沒有列寧和沒有馬克思的基本思想的馬克思主義。

在《黑格爾法哲學批判》中，馬克思正在發展的歷史洞察力導致他斷言，在德國，爭取抽象的正義和社會主義的鬥爭由於一些制約著德國發展的特殊因素，必須由無產階級來領導。

量和質

包含在《哲學的貧困》和《共產黨宣言》這兩本書(按照列寧的看法

是馬克思頭兩本成熟的著作）中對階級鬥爭進行基本的馬克思主義分析，不包含在《黑格爾法哲學批判》中。按照馬克思的看法，直到一八四五年春天他才完全把握階級鬥爭的性質（見一八五九年的《政治經濟學批判》序言）。而在一八四三年，馬克思甚至還沒有開始把握無產階級專政的概念：

「只有承認階級鬥爭、同時也承認無產階級專政的人，才是馬克思主義者。」（列寧，《國家和革命》*State and Revolution*）

劉易斯認爲，把黑格爾放回到馬克思主義當中去很重要。然而，關於存在的量的非連續性概念——這一黑格爾的重要發現，是劉易斯博士所厭棄的——是如此令他厭棄，以致他說成熟的馬克思並不相信質變的概念。這個論點不對的地方是這麼明顯，只要表面上大略地閱讀幾頁由成熟馬克思寫的東西，就夠讓我們否定它，把它看成是荒謬的東西。

例如，在《政治經濟學批判大綱》中，馬克思論證了當特定資本轉化爲一般資本時所發生的重要的質的飛躍。在馬克思一八六七年六月二十二日寫給恩格斯的信中，有一段話直接談到這個問題。馬克思說：「我在那裡，在正文中引證了黑格爾所發現的單純量變轉爲質變的規律，並把它看做在歷史上和自然科學上都是同樣有效的規律。」

劉易斯在文章中頻繁地引證列寧，但是劉易斯既不贊同無產階級專政概念，也不相信自然辯證法。

列寧不僅相信物質的辯證運動，也相信意識的辯證運動，而且還發現了適用於最先進的地方——適用於現在馬克思主義者普遍承認的關於物質最深刻的分析眼光——的辯證規律的性質。列寧說，在運動的一切形式中既存在著對立面的統一，又存在著對立面的鬥爭。即使對數學——一種對物質某些方面所做的高度抽象的反思——來說，都是如此。

某些當代的馬克思主義者堅持認爲,對立面的統一和鬥爭(在這當中，一極不僅獲得對另一極的統治，而且最終消滅它，然而必須吸收這另一極的某些基本特性)僅僅適用於對抗性矛盾(例如，索布洛諾夫 Soblonov、塞夫 Lucien Séve)。

自然辯證法對於馬克思主義來說，像階級鬥爭和無產階級專政一樣重要。

無論蘇聯共產黨還是中國共產黨都聲稱，它們相信和忠於列寧在其《哲學筆記》(*Philosophical Notebooks*)中所闡述的理論原則。然而，每一個黨都堅持認爲，通過實踐，它們不僅正確地解釋列寧，而且還進一步發展了辯證唯物主義。當然，辯證唯物主義按其本性需要**不斷的**發展。

《大綱》和《資本論》

劉易斯在他文章的第二部份裡還提出了另一個含糊而謬誤的論點。他把《資本論》看作只是馬克思打算要寫的經濟學著作的一個片斷。劉易斯認爲，這是由「最近」發表的通常被稱作《政治經濟學批判大綱》的手稿(一九五三年出德文版)所揭示出來的。

駁斥劉易斯這一主張的最後證據，包含在馬克思從一八五八年至一八六八年的通信中，就是說，如果人們未能從解讀《資本論》發現眞實情況，從而理解到，在第一卷中開始的那種論證是用辯證的嚴謹性闡述著，一直到自由資本主義的結構和內容所提出的一切重要問題在

第三卷末尾都獲得解決的這一點的話。

《大綱》是在一八五七年～一八五八年作爲預計六卷本著作的基本骨幹而寫的；這六卷分別爲《資本》、《地產》、《雇傭勞動》、《國家》、《國際貿易》和《世界市場》。《大綱》接近《資本論》第三卷的篇幅。它包含有跟分析資本主義並不直接相關的材料。而且，它絕大部份是由批判分析資產階級經濟學家的觀點所組成的。

在一八五九年，馬克思發表了《政治經濟學批判》一書。這部著作打算作爲他計劃的六卷本著作（爲了較易銷售，各卷擬再分爲若干分册）的開頭部份。包含在這部著作中的材料，跟《資本論》第一卷第一至第三章的內容類似。然而，這後一部著作是在跟前一部不同的理論層次上寫成的。恩格斯在瀏覽這幾章以後，給馬克思寫信說，他在許多地方更喜歡第一種表述形式（一八六七年六月十六日）。馬克思考慮了這一批評意見，但是他在修改這幾章時，仍然保持新著有的更清晰的辯證發展。

《資本論》的基本骨幹是在一八六一年～一八六三年寫成的。這部新的手稿是計劃中的三卷本著作的基礎。新的計劃代替了馬克思寫作《大綱》時設計的六小卷的原先計劃。

一八五九年之後，在馬克思的思維中發生了一次非常重要的質的飛躍——這一飛躍使得他的「最完美的藝術作品」成爲可能（恩格斯爲《雇傭勞動和資本》一八九一年德文版寫的導言可作爲這點的說明）。直到一八六二年，馬克思才解開了地租之謎。當他寫作《大綱》時，他基本上仍然接受李嘉圖（David Ricardo）的地租理論（無可否認有一些修改）。直到馬克思解開了這個謎（見馬克思一八六二年六月十八日致恩格斯的信），他才有可能完全理解資本主義是如何運轉的。一部完全按照馬克思在寫一八五七年——一八五八年手稿時所持觀點來寫著作，將會有驚人的理論錯誤。直到一八六二年，馬克思才能夠把握價值、價格、地租與「平均利潤率」之間的正確關係——這是他最偉大的發現之一。

《資本論》的辯證法

而且，他對他的主題完全掌握，使得他能夠完全改變著作的結構。他現在能夠充分利用黑格爾基本的在辯證法方面的發現——唯物主義者以直接的或者通過扳正過來的方式利用的那些概念。馬克思現在認爲黑格爾是一個比費爾巴哈更偉大得多的哲學家(見馬克思一八六五年致施韋澤 Johanau Baptist Schweitzer 的信)。列寧在其《哲學筆記》中主張，只有研究黑格爾的《邏輯學》才能完全理解《資本論》。

新的三卷計劃在本質上就是我們現在擁有的四卷(原定的第二卷由恩格斯分爲兩卷出版了)。辯證的發展是清晰的。

正如「階級」概念是歷史唯物主義的「細胞」一樣，商品是資本主義的「細胞」。馬克思由「商品」開始論述《資本論》(正如有「階級」概念就必然有異化一樣，「商品」概念必然引出勞動和使用價值)，一直繼續進行到他能夠一般地從邏輯上說明資本爲止。按照恩格斯的看法，可以把從商品到資本的辯證發展拿來跟黑格爾的《邏輯學》中從存在到本質的發展相比較。

要看所使用的辯證方法一部份的例子，請考察一下從個別商品到貨幣的運動。商品是「細胞」，不過，當然，沒有一個概念或實體能夠孤立地存在著。只有當一個產品能夠跟其他的產品在價值上相等，因而能夠被正確地交換時，它才成爲一個商品。在馬克思證明產品的價值怎麼樣在歷史上變成相互等同時，他證明了「個別」與「特殊」之間的相互依賴。在他證明一個單獨的商品怎麼樣在歷史上被轉變爲一切商品的「一般」等價物時，他完成了他的第一個辯證的三段論。一般等價物(貨幣)的出現是一次重大的質的飛躍。在那以後，馬克思繼續研究制定他的揭示剩餘價值、擴大再生產、地租、生產價格、平均利潤率等的性質的概念。他不僅揭示這一不斷變動中的(在進步和危機之中的)經濟制度的「外觀」和「現象」，而且揭示其根本的「本質」。

馬克思證明了資本主義內部存在著不可解決的矛盾。但是他的著作也駁斥那些企圖污蔑他爲經濟決定論者的人，因爲自然正是無產階級與資產階級之間的矛盾，才被證明是這個制度的基本矛盾。只有通過無產階級的自覺努力，才有可能完全摧毀資本主義。爲了完成這一任務，無產階級的領袖們無論如何必須握有強有力的思想武器。

馬克思和恩格斯

劉易斯堅持認爲，馬克思從來沒有完成《資本論》。從本質上說，這個論斷是錯誤的。馬克思發現了《資本論》中的一切基本概念，並且辯證地證明了它們的聯繫和相互依賴性。(假如馬克思活到足以完成第三卷的話，那麼這一卷就會包括有對世界市場的透徹分析和對資產階級國家的描述，如本卷最後一章所證明的)。

在恩格斯把《資本論》第三卷以另種形式轉變成爲可讀的手稿後，他發現其中三分之二到四分之三幾乎立即可以發表，其餘的部份則需要進行相當多的加工，主要是細節和表述方面。證明方面，請把第三卷中的論證拿來跟馬克思在一八六八年四月三十日致恩格斯的信中所概述的論證比較一下，你就會看到兩者之間是完全一致的。

《資本論》第二卷在馬克思逝世時甚至比第三卷更接近完工階段。第四卷雖然恩格斯沒修訂過，可是也不是沒包含一個在第一至第三卷中沒有包含在內的概念。

對恩格斯修訂第二和第三卷，我們應該備加推崇。恩格斯是十九世紀最偉大的知識份子之一，他大概是直到列寧研究《資本論》並隨之使它以新的面貌(**帝國主義**)出現之前，除馬克思以外唯一充分理解《資本論》的人。馬克思對恩格斯聰明才智的尊敬可以以下面的話爲證：

「你到現在爲止所表示的滿意對我來說比世界上其他人可能作出的任何評價都更爲重要。」(**關於《資本論》**，見馬克思一八六七年六月二十二日致恩格斯的信)。

是故作多情嗎？不是，除了馬克思以外，恩格斯是當時世界上唯一成熟的辯證唯物主義者。恩格斯在對歷史唯物主義和自然辯證法的貢獻以外，還對馬克思主義經濟學的發展做出了很大的貢獻。他的貢獻早在一八四三年就開始了，當時他寫了一篇出色的經濟學文章，對馬克思產生了深刻的影響，馬克思本人對經濟學的理解在那時是不及恩格斯！

企圖把馬克思和恩格斯的思想分割開來，就是企圖在馬克思主義的起源閹割馬克思主義。這是頭等的修正主義。

因此，劉易斯說《資本論》只是馬克思計劃寫的經濟學著作的一個片斷，這種說法不對，正如他說最近大家可以讀到《大綱》，因此使深刻的重新評估馬克思主義成爲必要的這種說法是不對的一樣。

13

談談關於劉易斯—阿圖塞辯論的辯證法❶

高爾斯蒂克*

劉易斯熱烈地採納了「人道主義者」的標籤。阿圖塞說，這證明劉易斯在階級鬥爭面前軟化下來，因爲他只能按照抽象的人而不是按照實際存在於我們社會當中的人不同的內在對抗階級來思考。確實，阿圖塞要證明他跟劉易斯的爭論在這裡不僅僅是一場言詞之爭，他就必須做得比這更好一點。

在另一點上，他們對「人道主義」這個詞語的不同反應，我們或許可以比較正當地往前追溯到他們之間彼此眞正不一致的地方，以及眞正(即使在論爭上沒有得到承認)在哲學上一致的地方。這就是關於歷史決定論和人的自由的問題。

劉易斯用下面的話把阿圖塞理論的「反人道主義」跟這個問題聯繫起來：

「在阿圖塞看來，社會變革是自發的自然界預先決定的經濟發展的結果。如果說人也起點作用的話，那只是因爲他們的行動歸根到底是由經濟因素決定的。」❷

「阿圖塞似乎認爲，社會變革『歸根到底』是由資本主義矛盾以一種幾乎自動的、當然是決定論的方式發展的結果。」❸

自由和決定論

劉易斯並沒有說明，關於阿圖塞是否認爲社會變革是以自動的方式產生的這一點，他爲什麼改變了看法，還有，他腦子裡想的關於造成這種變化的「當然是決定論的」，可是又不必然完全是以「自動的」方式，這到底是什麼東西。我們似乎可以認爲，劉易斯的論點有點像這樣：如果歷史決定論是正確的(就是說，如果甚至例如像社會革命，也只是必然由於有預期革命家誕生的這些先前的因素在，才產生出來)，那麼,在歷史中就沒有自由的人類行動的餘地(例如就革命者而言)了。看起來好像是，阿圖塞同意把決定論和自由在哲學上這樣對立的擺出來，並站在決定論這一邊，而劉易斯則選擇了后者，即選擇了無論是劉易斯還是阿圖塞都看做是有關爭論的「人道主義」的這一邊。

的確，阿圖塞並沒有露骨地完全排除人的自由。他的確說：

「……革命政黨的存在、性質、目標和實踐，不是……由『人』的自由意志決定的。」❹

但是，因爲「自由意志」這個說法有時是在專業的哲學意義上使用的，這也許不一定就是否定革命政黨的成員是由於他們自己的自由意志而參加進去的。儘管如此，爭論之點仍然是，阿圖塞在這裡所想要否定的正是日常意義上的「自由」，而且我們正是應該這樣來解釋他的這些話：

「它不再是尋找歷史的『主體』的問題了。它不再是誰創造歷史的一個問題了。」

「……歷史……是一個**沒有主體的過程。**」❺

按照阿圖塞的看法，劉易斯是想「把這個用爛的小資產階級自由哲學重新拿出來用」❻，大概是因爲劉易斯主張，例如社會主義的革命者和構成整個工人階級的人，連同他們在革命過程中的階級盟友，都能夠在用社會主義取代資本主義的行動中**自由地**行動。

阿圖塞和劉易斯兩人都忽略了，完全的決定論跟「正統」馬克思主義一向堅決主張的(一定條件下的)人自由行動的可能性是相容的。恩格斯用《反杜林論》第一篇第九章的一半篇幅，來討論這個問題。這也許是普列漢諾夫(George Plekhanov)所心愛的哲學論題。此外，英國許多學院的哲學在本世紀都把工夫花在對這個問題贊成和反對的論戰上。無論是阿圖塞還是劉易斯似乎都把自由和決定論不相容，看做是一個無需論證就已經取得一致的問題。但這是一個錯誤。

反證

只簡略地提一個反證：假定有人在一九四五年一月說，同盟國的勝利是不可避免的，難道那與同盟國的自由有絲毫衝突嗎？這樣的預言所依據的是能預見同盟國的政治意志(戰勝軸心國)的這一假定，難道那在任何利害關係的意義上跟它們的意志自由有絲毫衝突嗎？

劉易斯確實提出了兩個反對歷史決定論的論據。

(1)革命「正是取決於預示過程的這種**斷裂**，……跟由現有的概念結構……預先決定的斷裂完全不同。」❼。但是，按照歷史唯物主義來說，(除了別的以外)確實正是這種跟資產階級概念結構的斷裂，才是預先由資本主義制度的發展(特別是由把生產力社會化的工業革命)預先決定的。

(2)「……整個歷史以及它令人驚奇的變革通過現有材料的推斷是可以預測的這一概念，確實就完全站不住脚。」❽

那麼，沒有任何一個馬克思主義者，甚至阿圖塞是曾經提出過像這樣的主張。如果劉易斯只限於抨擊「未來相當遙遠的歷史幾條主線以及它令人驚奇的變革通過現有材料的推斷是可以預測的這一概念」，那麼他反對的就會是阿圖塞和所有「正統」馬克思主義者一起的確提出來的一種主張。他本人沒有給我們提出反對這種主張的嚴謹論據，而是要我們(在三五頁的脚註中)參考波柏爵士的著作。波柏爵士主要的論據是這兩點：(a)雖然許多歷史發展是由科學的發現和發明造成的，但是歷史的預測不能包括對未來的科學發現和發明的預測，因爲做這種預測也就是預先做出所說的發現和發明；(b)做歷史預測對歷史進程的影響，可能是促使發生一系列阻止這一預測實現的事件，而這種偶然性在決定做什麼預測時，因爲還不知道這一預測會成爲什麼樣子，我們不可能考慮到。

關於(a)，就馬克思主義而言，重要的是，馬克思主義把社會主義的不可避免性追溯到技術進步，換句話說，追溯到工業革命，現在這**已經是成爲過去的事實**。其次，舉例說，我們肯定能夠**預測**在並非無限遙遠的未來發明人造光合作用過程的世界歷史性後果(首先是使人永遠擺脫由於食物而對土地的依賴)——無需實際上預先發明這種過程。

關於(b)，就馬克思主義而言，重要的是，關於社會主義的歷史唯物主義預測是社會主義不可避免性許多預先決定的原因之一；而且在工業革命以後，**反對**社會主義的**人**即使的確及時風聞這一預測，並且力圖按照它來採取行動，也完全不能做任何事情來阻止社會主義**最後**

取得勝利。

的確，正如青年馬克思在一八四四年寫的那樣：

「問題不在於目前某個無產者或者甚至整個無產階級把什麼**看做**自己的目的，問題在於**究竟什麼是無產階級**，無產階級由於其本身的**存在**必然在歷史上有些什麼作爲。」❾

假如是「人道主義者」就必須是歷史的反決定論者，那麼一八四五年以前的青年馬克思在那一點上就跟阿圖塞一樣，不是「人道主義者」了。

眞理的客觀性

然而，在反對劉易斯的時候，我們似乎必然要贊同阿圖塞的說法，即在某些方面，一八四五年以前的馬克思在他的世界觀當中並不完全是科學的，他在這一年的確在一些重要問題上改變了看法。只是，如果同意說，歷史決定論或歷史決定論跟人的自由相容是那些重要問題其中之一，那麼看來就不正確了。遺憾的是，阿圖塞—劉易斯的論爭簡單地、不加論證地就把決定論跟人的自由不相容作爲前提。

還有一個問題，阿圖塞和劉易斯表現出的一致性，也許比至少從「正統」馬克思主義的觀點可以證明的還多。這就是眞理的客觀性問題，或者說，至少這就是關於馬克思主義本身所肯定的一些眞理（既是歷史唯物主義的那些眞理，又是辯證唯物主義的那些眞理）的客觀性問題。（說這些斷言在客觀上是**眞理**，並不一定就是說它們全部**絕對**都是眞理，沒有任何錯誤。即使它們只是比它們現在的對手**更正確一點**，這個**相對的**事實仍然會是一個客觀的事實。然而阿圖塞一再表明他在這個問題上跟「正統」馬克思主義不同的看法。）

下面是一段有名的針對科學世界觀的哲學反對意見：

總之，要客觀地確立任何事物都是不可能的，因爲研究者若不預先提出某些主觀的假定(即使他唯一假定的事情就是他賴以評估他的證據的科學原則)，是不能證明任何事物的。所以，充其量只有在一種主觀假定的參考架構(例如，科學的參考架構)內，才有可能取得客觀性，並且必須總是**跟**它的參考架構**聯繫**起來。但是從客觀眞理的觀點看，沒有任何能使一種參考架構本身優於另一種參考架構的現實途徑。

哲學唯物主義一向反對這種反客觀主義的論據。我們認爲存在的物質世界的現實，並不是一種「主觀的假定」，即使像列寧所說的，它不能用三段論來證明：列寧指出，這是「現代唯物主義的看法……，單靠論據和三段論法是不足以駁倒唯心主義的，這裡的問題不在於理論上的論證。」❿正如馬克思在一八四五年所寫的：

「人的思維是否具有客觀的眞理性，這並不是一個理論的問題，而是一個**實踐的**問題。人應該在實踐中證明自己思維的眞理性，即自己思維的現實性和力量，亦即自己思維的此岸性。」⓫

按照馬克思主義來看，像物質世界現實存在於我們之外這樣的一個科學世界觀的基本原則，是一個客觀的眞理，它是不管我們如何思考完全獨立存在的東西。

雙方一致的地方

看來的確好像無論阿圖塞還是劉易斯都同意反客觀主義所否定的這種觀點：唯物主義的參考架構本身是客觀的東西。阿圖塞說，他是一個唯物主義者,並且相信「存在著的東西……獨立於認識它的主觀性之外而存在著」⓬。在談到自然的時候，他甚至把否定這個論點的唯心主義者稱爲「瘋狂」和「愚蠢」⓭。但是在另一方面，他堅持，**哲學**跟**科學**不同，因爲「**哲學歸根到底是理論領域中的階級鬥爭**」⓮。他說，「哲學不是科學」，而且，「哲學在科學有對象的意義上沒有對象」⓯。看來好像阿圖塞在贊同這樣一個唯心主義的論據，即哲學，包括他同意的唯物主義的、客觀主義的哲學在內，**本質上**是主觀獻身的問題(即使唯一的獻身是對科學事業和工人階級事業的獻身。)。

阿圖塞當然知道，有些科學發現(像伽利略的發現，或歷史唯物主義的一些發現)跟唯物主義對抗唯心主義的哲學問題一樣,能夠成爲爭論和在階級鬥爭中爭奪的問題。「因此，科學命題能夠像哲學觀點一樣『起作用』」，他這樣說⓰，——大概這時在客觀上仍然是正確的。但是，似乎這樣解釋他是合理的，他不願同意說，像物質世界客觀存在這樣的一個哲學論點，本身就是一個科學的命題。「在哲學中沒有任何東西是**一勞永逸地**解決了的」，他這樣說⓱，意思是要站在(哲學史不像科學史,在哲學史中)總是有舊思想「回潮」的這個基礎上把哲學史從科學史區分開來。似乎這樣解釋阿圖塞是合理的，他所持的觀點是說，就客觀眞理的取得而言，跟在一門科學的歷史中能夠有眞正的進步相反，在哲學中不可能有任何這樣的進步，至少在像唯物主義對抗唯心主義這樣關鍵的問題上面。根據對阿圖塞的這種解釋，在阿圖塞這方面，只有一個前後不一貫的地方，他讓自己把唯心主義的哲學觀點稱作是「瘋狂」和「愚蠢」。

劉易斯和客觀現實

另一方面，劉易斯在拒絕唯物主義的客觀性原理上面，看來是比阿圖塞更明確。他明白地把「馬克思的哲學方法」跟「科學的客觀性」對立起來 ⑱，認爲前者是「可行的假設的哲學」⑲——好像確實不是一個科學主題的**客觀**存在（絕大部份是不以科學家本人及科學家的希望、恐懼、偏見和理論爲轉移），才在或大或小的程度上在科學家千方百計盡其所能來握住這個主題的眞正性質時，控制某種的警惕和疑慮。完全相反，劉易斯以讚許的語氣說道，

「……對馬克思來說，主觀的東西和客觀的東西的統一是以我們認識的方式……來修飾和浸透我們所認識的東西……。」⑳

在「我們所認識的東西」所包括的事物中，有木星的衛星數目、資本主義在十七、十八世紀的英國和法國對封建主義所進行的革命取代，以及壟斷資本主義引起國家之間戰爭的這一傾向。這些東西到底是以什麼方式被**我們認識**它們的**方式**所浸透的呢？木星的衛星遠離我們千萬里，因而也遠離我們有關它們的知識以及「我們認識」它們的「方式」。它們怎麼能被這種認識方式「浸透」呢？資本主義對封建主義所進行的革命取代早已成爲過去，在我們或「我們的認識方式」登上舞台之前就已經結束了，那麼**它**怎麼能「被我們的認識方式浸透」呢？看來要說明劉易斯的說法，最好不照字面做，而要照表述唯心主義觀點的這樣一種方式，即我們畢竟不能夠認識一種**客觀的**現實，一種不以我們爲轉移而存在的現實。最後，指出壟斷資本主義固有的引起國家之間戰爭的傾向的，當然是馬克思主義者，特別是馬克思列寧主義者，但是這一事實肯定不以**他們**爲轉移存在著；的確，如果是取決於他們的話，壟斷資本主義根本就不會存在；的確，關於這種資本主義傾向的知識以及關於這種知識的傳播，成爲力求永遠結束壟斷資本主義這一存在

的歷史事業之一。的確，**只有**在關於國家壟斷資本主義在歷史上是注定要滅亡的這種預言性的知識情況中(劉易斯本人會拒絕承認這種知識)，只有在那一點上，才會眞正出現這樣一種狀況：我們所知的東西以及我們關於它的知識，眞正是在因果關係上不管怎樣都取決於我們。只有在這裡才眞正出現這樣一種狀況：我們知道是正確的東西，只因爲(在某種程度上)我們認識它，眞正才是正確的。

如果說一方面由於劉易斯的歷史反決定論使劉易斯不能承認像這樣的東西，那麼阿圖塞就是因爲他笨到堅持歷史永遠不能「有主體」，才不能讓自己承認它。

我的看法是這樣：要是他們兩人都能夠運用一點辯證法就好了。

---

*作者係加拿大共產黨中央委員會候補委員，在多倫多大學教哲學。

❶見本書劉易斯的〈阿圖塞的問題〉和阿圖塞的〈答劉易斯(自我批評)〉。

❷見本書，頁二四。

❸見本書，頁三二。

❹見本書，頁九七。

❺見本書，頁九五、九七。在 Louis Althusser, *Reading Capital* (London: New Left Books, 1970), p. 27. 阿圖塞正是按這種精神來討論在一門科學的歷史開端處所發生的那種思想革命的：「這整個過程是在理論結構變化的辯證危機中，在這種變化中，『主體』所起的作用並不是它自認爲起到的作用，而是過程的機制賦予它的作用。」這似乎肯定表明，譬如說，馬克思對他自己在創立歷史唯物主義的科學中所起的作用這一看法必然是錯誤的。但是，按照「正統」馬克思主

義，對像馬克思這樣一位科學家說來，**既**相信他的理論成果是他自己(相對)自由地探索眞理的產物，**又**相信他從事這種探索以及他恰好取得他所取得的成果，同樣是由他的傳統和環境中先前的原因預先決定了的產物，而且相信甚至在歷史上就預先決定了，即使他沒有取得這種理論成果，也會有某個別的人取得多少跟他類似的成果，——這是絲毫也不矛盾的。

❻見本書，頁九二。

❼見本書，頁三六。

❽見本書，頁三五。

❾馬克思和恩格斯，〈神聖家族〉，《馬克思恩格斯全集》，第二卷，(北京：人民出版社，一九五六年)，頁四五。

❿列寧，〈唯物主義和經驗批判主義〉，《列寧全集》，第十八卷，(北京：人民出版社，一九八八年)，頁二八。

⓫馬克思，〈關於費爾巴哈的提綱〉，《馬克思恩格斯全集》，第三卷，(北京：人民出版社，一九六〇年)，頁三。

⓬見本書，頁九八。

⓭見本書，頁九八。

⓮見本書，頁八三。

⓯見本書，頁一一四。

⓰見本書，頁一〇八，註❺

⓱見本書，頁一一六。

⓲見本書，頁三五。

⓳見本書，頁三三。

⓴見本書，頁二七。

14

關於阿圖塞的討論

劉易斯

我們在下面刊出劉易斯的一些結論性意見，這些意見有關一九七二年～一九七三年間在《今日馬克思主義》上進行的針對阿圖塞同志的哲學著作所做的討論。我們希望在《今日馬克思主義》隨後一期發表阿圖塞關於這次討論的意見。同時，我們不再展開一般性的討論。

隨著我一九七二年一月和二月的兩篇文章以及阿圖塞的答覆而開始進行的討論，已經呈現出相當重要的方法方面的基本分歧。一方面我們有藉以從社會和經濟經驗把基本原理抽取出來，組合成一個邏輯體系的這種阿圖塞視爲「結構」方法的東西。這種科學的理論是供黨利用，來作爲它的工具和武器的。另一方面我們有馬克思和列寧比較具體的方法，在他們看來，理論或理解是跟行動分不開的。這種方法賦予我們的不是一個體系，而是關於形勢的邏輯。我們不是把辯證法看作是觀念的開展，而看作是統一體的對立因素之間的實際衝突，它要由目前階段的消逝和即將產生的新階段的出現來解決。正如馬克思所說：

「我們就不是以空論家的姿態，手中拿了一套現成的新原理向世界喝道：眞理在這裡，向它跪拜吧！我們是從世界本身的原理中爲世界

闡發新原理。我們只向世界指明它究竟爲什麼而鬥爭；而意識則是世界應該具備的東西，不管世界願意與否。」❶

這樣，我們超越所**表現出來**的東西——經驗事實——的這一見識，就使資產階級的法律、原則和甚至它們所認爲的現實受到挑戰，並成爲一個正在走向掌握政權的階級的認識和意識。

辯證法不是建立在概念之上的邏輯過程，而是在具體的形勢中，**開始理解這個歷史形勢**，並採取隨之而來的必要行動的現實人民的歷史、革命運動。這樣，正如馬克思說的，我們就不再「解釋」世界及其矛盾，而是**改變**世界，克服這些矛盾：我們**超越**、凌駕包含這些矛盾的體系。這就是工人階級的歷史角色和階級鬥爭的基礎。

既然這是我所贊成的立場，當阿圖塞在他的答覆中一開頭就埋怨我不關心政治和階級鬥爭，這就顯得有點奇怪。

辯證法跟日常鬥爭的這種牽連，這種跟具體密不可分的性質，並不是只有在成熟的馬克思著作中才能找到的東西。相反，馬克思從來沒有像黑格爾那樣，把辯證法看作是理念展開的邏輯過程。甚至在一八四四年，在他寫《一八四四年經濟學哲學手稿》之前，他就把辯證法看作是工人階級意識到資本主義制度的矛盾和挫折，意識到它們在必然的變革中的角色和意識到這種變革所要求的政治鬥爭，他說工人階級：

「解放自己，取得普遍統治；從事整個社會的解放，從而在革命精力和對自己地位的意識之外加上它作爲整個社會解放者的身份。」❷

這些話在我看來，並不像出自一位生活在邏輯抽象的雲霧世界裡的年青黑格爾派唯心主義者之口，因爲必須驅散邏輯抽象的雲霧世界才能看到階級鬥爭和政治的現實世界！

從一開始，馬克思就不是從「純粹思想的領域」出發，而是從「從事實際活動的人，而且從他們的現實生活過程中」出發。他說，他的前提「不是任意想出的，它們……是一些現實的個人，是他們的活動和他們物質生活條件」。特別充滿著他在《一八四四年經濟學哲學手稿》中關於經濟剝削的研究的，正是這個精神，與此同時他對黑格爾抽象概念的明確駁斥，在對黑格爾的國家理論和《精神現象學》(*Phenomenology of Spirit*)所做的**批判**❸(一八四四年)中占有中心地位。用恩格斯的話說，「他……給我們指出了一條走出這個體系的迷宮而達到眞正地確實地認識世界的道路。」❹從歷史上馬克思主義證明了在無階級的社會主義臻於頂點的階級社會發展順序的極至，無階級的社會主義是一個這樣的社會，它的經濟是「由生產者的自由聯合體在他們自己的有意識的目的和控制下進行的」。

阿圖塞的體系

阿圖塞旣拒絕有關這種方法的人道主義又拒絕它的歷史主義(historicism)，認爲它們兩者都代表已被馬克思最終拋棄了的黑格爾式的唯心主義。「理論的反人道主義」我們已經討論過了；至於「歷史主義」，他指的是一種在社會發展過程中展開的內在的辯證原則。這是某些馬克思主義者，特別是考茨基(Karl Kautsky)曾經持有而且現在仍然持有的一種觀點，但是馬克思拒絕任何這種籠統的歷史哲學，認爲它是一種誤入歧途的嘗試：

「要把他關於西歐資本主義起源的歷史概述變成一切民族都注定要走的一般道路的歷史哲學理論。」❺

阿圖塞拒絕馬克思自己在《政治經濟學批判》序言、《德意志意識形態》和《資本論》中提出的關於社會歷史進步的理論，他也拒絕馬克思關於是人才是歷史創造者的信念。

他自己的理論是非歷史的。

它是不以資本主義的任何運動法則爲轉移的。

它是不以主體的人的活動爲轉移的。它像大家所認爲的自然科學那樣，是**免除價值的**，因爲它不關心人控制自然以滿足人的需要的日益增長的力量。

它避開了從意識形態方面對於否定所做的曲解，不管是對資本主義制度下人的個性的否定，還是最終當資本主義讓位於社會主義時針對這種否定所做的否定。

最後，它拒絕把社會看作是在自身內部發展的統一體的這一辯證法。沒有這種統一體，就只有獨立自主因素——無法預期地引發「多元決定」帶來社會結構內部變革這一時刻的經濟、制度設施和意識形態因素。

因此，阿圖塞拒絕他認爲有關下列東西的一些黑格爾概念：

「……否定、分裂、異化、對立面……否定的否定、揚棄……等等。黑格爾的辯證法全都在這裡了。」❻

阿圖塞說，當馬克思說他把黑格爾「扳正過來」時，他所做的一切是把這些概念變成爲一種在歷史中無意識地起作用的神話。阿圖塞認爲，這個錯誤的體系馬克思曾發現是錯誤的，並和支持這個體系的錯誤哲學（意識形態）一起完全加以拒絕，過渡到了我們在《資本論》中看到的對社會的純粹科學的理解。

「最後馬克思發現到了意識形態遮蔽住使他看不清楚的這一現實；

他理解到，他不能再把德國的神話投射在外國的現實上面。」❼

這是歪曲馬克思這個階段或以後任何一個階段的思想。這些概念從一開始就以物質的而不是意識形態的和概念的形式出現；它們也沒有被排斥過，而是在馬克思思想的整個發展過程中（它無論如何**是**一種發展過程）都繼續存在：就是說，它們被豐富了，被解釋得更全面了，被擴充了，但是仍然以其物質的形式構成今天給人深刻印象的馬克思主義的基礎。

馬克思和黑格爾的概念

我們來說明馬克思把黑格爾的概念眞正扳正過來的問題。馬克思認爲，在把這些概念用另外的形式轉變成物質的術語以後，具有重大而持久的意義。他認爲黑格爾：

「第一個全面地有意識地敍述了辯證法的一般運動形式，……辯證法在對現存事物的肯定的理解中同時包含對現存事物的否定的理解，即對現存事物的必然滅亡的理解。……按其本質來說，它是批判的和革命的。」❽

1.**人**：馬克思不是以唯心主義的方式來說明人的「本質」，而只是把它說成是由人跟其他人的關係所構成的人——因此是隨著人學會以新的方式控制自然、創造出新的社會合作形式，而被改變和發展的一種「本性」。正像塞夫（Lucien Séve）說的：

「既然人的本性被賦予了具體歷史性的性質，就有可能避免抽象性和神學或純粹邏輯概念論的僵化。」❾

馬克思的歷史概念

2.**歷史**：馬克思明確地拒絕阿圖塞說是他提出的那種歷史概念，認爲歷史是由人在不同科技(每一種科技體系本身要求有它自己的經濟的、制度的和文化的形式)體系的連續演進中創造的。這在《政治經濟學批判》序言中是這樣概括的：

「人們在自己生活的社會生產中發生一定的(經濟的)關係，……生產方式在物質上決定著社會的、政治的和精神的生活過程的一般性質，……物質的生產形式發展到一定階段，便同現存生產關係發生衝突，……那時社會革命的時代就到來了。隨著經濟基礎的變更，全部龐大的上層建築也或慢或快地發生變革。」

這就是阿圖塞宣稱「在工人階級運動中引起大災難」❿，而列寧從未接受過的歷史理論。阿圖塞說，如果列寧接受了，俄國革命就永遠不會發生。正如我在我的文章中指出的，列寧**的確**接受了。他在他的幾部基本論著中**一字不漏地引用**。阿圖塞在他的答覆中未能證明他的說法，雖然它明顯是跟衆所周知的事實相矛盾。

對馬克思在《政治經濟學批判》序言中的立場的這一概括，後來在《德意志意識形態》和《政治經濟學批判大綱》中做了進一步的加工(因爲需要一個很簡短的提法)。這一概括包含了阿圖塞所拒絕的所有基本原理：**異化、否定、否定的否定**和**超越**。

馬克思論異化

因此，黑格爾所說的人的存在的異化被馬克思看作是人在資本主義制度下的命運，這一制度否定了人格和自由，把人貶低爲商品、市場經濟的經濟規律的玩物。這就是異化，它是經濟的，而不是像對黑格爾說來那樣是概念的。**否定**是由於資本主義的發展中的矛盾，對生產過程以及人的需要的滿足遭到阻礙和破壞。這種否定本身被向社會主義的過渡所否定；但是在黑格爾看來，這在本質上是意識的更高水平，是概念的進一步發展(當然是在歷史中表達的)，而在馬克思看來，這只是人通過革命活動得到的物質和歷史解放。這是對現在的情況、對「那些使人成爲受屈辱、被奴役、被遺棄、被蔑視的東西的一切關係」的「**超越**」。這是馬克思無論在一八四三年還是在一八七三年、一八八三年，無論是在《黑格爾法哲學批判》、《德意志意識形態》還是在《資本論》中的學說。不僅是詞語一樣，而且現實——剝削和解放——也一樣。

塞夫說得很好，馬克思總是具體地提到這些概念中的每一個，它們從來不是唯心主義的和抽象的，從來不只是概念的或意識形態的。

「異化的具體現實採取人對市場規律俯首貼耳服從的形式。」⓫

這也是《資本論》的基本主題，而且——

「它**逐字逐句地**重複了《一八四四年經濟學哲學手稿》中對異化的描寫。它現在對榨取剩餘價值和商品拜物教進行充分地說明，更加深入到以前極其令人信服地描寫過的現實中去。」⓬

我們不再有可能認爲，《一八四四年經濟學哲學手稿》把人視爲純粹的概念，並使他陷入純粹哲學的抽象中，這個錯誤需要由科學的現實主義來克服和排除。事實上馬克思在這些文章中當時關心的，完全是人被剝削的經濟和物質條件，完全是對僱傭勞動如何剝削和貶損工人的描寫。這是在這部著作的下面章節中闡述的：（Ⅰ）工資，（Ⅱ）資本的利潤,(III)資本的積累,(IV)競爭,(V)貨幣的力量,等等。

人從市場的鐵的規律下解放出來和市場的鐵的規律把人貶低爲可以買賣的商品,這不僅是《一八四四年經濟學哲學手稿》的主題,而且也是馬克思以後包括《資本論》在內的全部著作的主題。不過在《資本論》中,那時異化這個詞語是被商品拜物教取代了,可是概念仍然是一樣的。異化和後來的人的解放構成馬克思一生著作的基礎:

「如果把馬克思主義去掉它對社會中的人的關心、對人從『資本主義的非人化』及其經濟規律下獲得解放的關心,即排除了人的概念,結果是排除了對生產方式和現實的人們之間的關係所做的任何理論探討,那麼階級鬥爭和整個馬克思主義就變得完全不可理解了。」⑬

阿圖塞時常宣稱,從一八五七年以後,沒有一絲像「異化」這種黑格爾概念的痕跡。遺憾的是,正是在一八五七年的《政治經濟學批判大綱》中,單是在他似乎熟悉的〈導言〉中,異化的論點就得到最充分的闡發,這個術語本身就出現了三百來次。這裡的基本論點也是人道主義:

「事實上,如果抛掉狹隘的資產階級形式,那麼,財富豈不正是在普遍交換中造成的個人的需要、才能、享用、生產力等等的普遍性嗎?財富豈不正是人對自然力——既是通常所謂的『自然力』,又是人本身的自然力——統治的充分發展嗎?財富豈不正是人的創造天賦的絕對發揮嗎?這種發揮,除了先前的歷史發展之外沒有任何其他前提,而先前的歷史發展使這種全面的發展,即不以**舊有的**尺度來衡量的人類全部力量的全面發展成爲目的本身。在這裡,人不是在某一種規定性上再生產自己,而是生產出他的全面性;不是力求停留在某種已經變成的東西上,而是處在變易的絕對運動之中。」⑭

社會變革的辯證法

阿圖塞的「結構主義的馬克思主義」把變革看作是從他所謂的「多元決定」產生出來的社會基本結構內部的「轉變」。這取代了在序言中(我們剛才提到的)描寫的、在《德意志意識形態》中進一步闡述的那種辯證的變化。矛盾是因爲自主過程的獨立性及它們的相互作用，才在結構內部出現的。不是由生產關係和生產力的基本矛盾決定的。

有大量各種不同的情況起作用，它們並不是任何這種矛盾的一部份。

阿圖塞拒絕恩格斯以爲歸根到底是經濟因素決定的這個問題的觀點。我們不能把衆多相互作用的事實普遍化，我們也不能預見到結果。

這使我們想起列寧的告誡：一方面要考慮偶然因素，另一方面要考慮本質上創造革命和阻撓革命起輔助作用的發展⓯。對列寧說來，**必要**條件總是次於**充分**緣由。這個差別是很重要的。**必須**至少有十八歲才能進大學，但是很遺憾，這不是進入大學的充分條件。要緊的是在學業上具備合格條件。當談到社會中的革命變革時，你可以儘量積累**必要的**條件、起輔助作用的事實，可是如果說還沒有到經濟擴展的界線點，還沒有到充分利用資源的界線點，就不會有任何的革命。「無論哪一個社會形態，在它們所能容納的全部生產力發揮出來以前，是決不會滅亡的」。社會已經意識到，資本主義模式已經超出了這一**結構**能充當生產方式完善理論模式的地步。歷史的現實超越了資本主義結構的現實，革命的變革現在是可能的和必然的。

因此，問題不完全是一系列平行的、彼此獨立的事件偶然地而且同時地達到那個促成「轉變」的準確發展定點。注意，是「轉變」，因爲結構通過結構轉變的相互作用才得到保存或豐富的，轉變**從不產生出制度以外的結果**。

意義和實踐

這是一條被普遍接受的原則：任何一個假說只有在能夠被實驗或進一步觀察所驗證時，大家才會接受；任何一個理論若是超出這種驗證的限度，大家就不會認爲是正確的。在馬克思主義中一向通行這同一條規則。沒有一個理論不是「實踐的眼睛」，因此也沒有一個理論因爲運用而必要經常修正時不接受經常的修正的。

但是馬克思甚至走得更遠。理論總是有高高站出來跟實踐對立的危險，即使目的是要運用理論。這個危險來自精神和物質、腦力勞動和體力勞動、主體和客體的古老的二重性。馬克思用物質和精神並存的思維的實體這一概念、用腦力勞動和體力勞動的結合、理論和實踐（他稱之爲 *praxis*）的結合來克服這種二重性。意思是說，總是把理論看作是行動的綱領；任何行動若不站在以馬克思主義的方式對具體形勢進行理解的這個基礎上，都是行不通的。實踐於是變成爲思維與現實的具體結合。

這不是阿圖塞的方法。理論變成了「完全在思維中發生的知識過程」⑯；它不提供任何對當前形勢的直接理解，不提供任何科學的戰略，「不再是政治實踐的發展和決定的南針。」當阿圖塞說「理論實踐」時，他不是指把理論運用於實踐，而是繼續搞理論，像搞邏輯那樣地搞理論。在實踐中沒有任何科學的檢驗。「理論實踐是它自己的標準，正如對數學一樣。」⓱ 標準「完全在於理論本身的前後一致和自己的圓融當中。」所以就可以認爲，神學理論的妥當性就建立在由神學實踐產生的標準之上。坦白地說，這是一種爲神話學辯護的典型論調。這是不行的。如果「實踐」意味著只是繼續在眞空中搞理論，那麼傳統上馬克思主義對「實踐」和「理論」之間的區別和對立，很明顯就變得毫無意義。然而阿圖塞似乎從來沒有注意到，對馬克思主義說來，正是實踐的檢驗、把理論運用到行動中的檢驗，才是從一開始是毫無問題的。

如果說馬克思主義是科學的，那麼這**意味著**它不是一種建立在自己似是而非的基礎之上的思辨理論，而是一種行動的綱領，因此是要不斷受到檢驗的。不能把它的意義放在它自己的自我辯護的體系內部。只有在應用中，在一個理論重視形勢，重視它立志要解釋的事實中，意義才顯現得出來。在實踐中由理論所產生出的實際結果的總和，才構成每一個理論的全部意義。

如果我們來看馬克思主義，那麼首先它不是「一門難懂的哲學」。正如馬克思所說，它是「對事物本身中的自我批評的發現，」「對經驗的有意識的、系統的補充」，「消滅現存事物的現實運動」。

「隨著歷史的演進以及無產階級鬥爭的日益明顯，他們在自己頭腦裡尋找科學眞理的做法便成爲多餘的了；他們只要注意眼前發生的事情，並且有意識地把這些事情表達出來就行了。」⓲

阿圖塞的「馬克思主義」在很大程度上就是「他自己頭腦裡的科學。」

社會變革和社會意識

阿圖塞把這種理論看作是精英的黨所專有的，這樣就使得它能夠代表工人發揮力量。事實上，阿圖塞說，工人甚至在那時也將處在資本主義意識形態的宰制下；因爲從阿圖塞的觀點看，意識形態不是根本的階級結構和階級宰制的表現，而是自主的與平行的，因此是持續的。因此工人會繼續抱住宗教和個人主義不放，甚至在社會主義制度下也需要接受進步的執政黨的**控制**。

相反，馬克思主義認爲激進的變革取決於工人階級愈來愈廣泛的階層已經變化了的政治意識；黨的角色就是創造這種新的、在工人階級中一直是**潛在**的意識，反過來，資產階級作爲階級也有它們的潛在意識，這些意識是受到跟資產階級的意識形態以及跟現存的階級關係和現存的經濟規律是永存的與終極的有關的那種意識所限制。

人和歷史

工人階級必須掌握它自己的哲學。不然的話，它必然會吸取資本主義階級的哲學，而這就命中注定會阻礙它的認識，使得它的階級意識起不了作用。馬克思說工人階級成爲哲學的，革命的辯證法開導他們，使他們變成物質的力量，指的正是這個意思。

「歷史什麼事情也沒有做，它沒有進行任何戰鬥。創造這一切、並爲這一切而鬥爭的，是**人**，現實的、活生生的人。歷史並不是把人當做達到自己目的的工具來利用的某種特殊的人格。歷史不過是追求著自己目的的人的活動而已。」⑲

那麼社會變革的動力是什麼呢？阿圖塞說——「鬥爭」本身；確實是鬥爭的這個**理由**，才是要緊的。鬥爭是本能的階級意識提高到對工人階級實際歷史地位的意識、對它的現實利益的意識，換句話說，是理論對階級意識的滲透的提昇。鬥爭**是結束異化、擺脫枷鎖的決心**，是使已經發展的生產力擺脫一個只關心利潤的階級占有的**決心**，也是**超越**、凌駕資本主義歷史階段的**決心**。

「必須推翻那些使人成爲受屈辱、被奴役、被遺棄和被蔑視的東西的一切關係……。」[20]

「創造使人能成爲眞正的人的條件。」[21]

自由和必然

阿圖塞的「答覆」和高爾斯蒂克等人提出的問題，關係到決定論和自由的問題。有人認爲，除了決定每一個問題的自然規律，除了我們服從、發現在**必然**發生的事情上面——在社會問題上，在做「給歷史以推動」這類事情上面——我們只有默認的自由的這一自然規律外，別無選擇餘地。只要一主張「自由」，馬上就被他們認爲是試圖不顧客觀力量而行動，或者是用純粹的意志力量（唯意志論）**創造**我們想要實現的東西。當我們主張，在認識的基礎上我們能有效地行動，而如果我們無知，我們就要受事件的盲目控制，而且這就是自由時，我們就被指控是把科學擱置一邊了，是唯意志論的存在主義者。

簡單的事實是，這個對立不是在科學事實和自由之間，而是在**強制**和自由之間。如果科學規律在我們不認識的情況下起作用，那我們無能爲力。如果我們**認識**這些規律，我們就不再受到外部的強制。我們可以利用它們；或者我們可以想辦法避開它們，就像醫生知道怎樣通過預防注射或其他手段避免傳染病一樣。自由不是**絕對的**。我們不是說，我們能夠用純粹的**意志力量**，不顧任何條件，創造出我們想要實現的任何東西。阿圖塞和高爾斯蒂克所扣在我們所有人頭上的，是說我們堅持社會主義的到來是取決於「人們的意志、意識和目的」(馬克思語)的，正是「存在主義的」那種自由。馬克思主義宣佈，沒有任何歷史規律是獨自起作用的，或者說只是**迫使**我們同意的。它需要我們的理解而且取決於我們的理解，取決於有組織的工人階級的決定和意志。它需要推翻階級的所有制，因此需要進行激烈的政治鬥爭。任何人都沒有忽視鬥爭或政治結局，但是這取決於理解，取決於工人階級的啓蒙。馬克思所特別強調的，就是要喚醒人理解工人階級所參與的並且今天使它面對自己命運的那一歷史過程。

歷史不是由辯證法或是由矛盾，或是由鬥爭、經濟、內在的發展規律所創造的，而是由從理論上闡明了的階級意識，以及在條件成熟時由因而產生的革命行動所創造的。馬克思把這描寫爲哲學在無產階級身上找到自己的物質武器，而無產階級在哲學中找到自己的精神武器。

馬克思主義者當中的深刻分歧正在於此。一方面是這樣一些人，他們依靠**不以我們的理解和意志爲轉移的**歷史規律，以人難以抗衡的方式把社會驅向往社會主義不可避免的過渡走去，因此對於看到工人階級的意識本能地提高到革命的水平感到心滿意足。另一方面則是這樣一些人，他們認爲工人階級是繼承、體現和實現了本質上把本能轉變爲領悟、轉變爲理論所啓廸的階級意識的這一黑格爾的辯證法。無論馬克思還是列寧都清楚地看到，現實的動力不是我們本身難以抗衡地認同的無意識的自然規律，而是對於現存社會的過渡性及其規律(一個本質上是黑格爾的概念)，以及工人在推翻它們中所扮演的角色這一認識。列寧相信，意識的這種水平不能依靠本能的階級意識來實現，因此先鋒隊不可或缺的角色不是要代替工人階級，而是要用教育和同時進行的行動來提高工人階級的階級意識。

以自由爲基礎的知識

只要社會的生活過程保持「其神祕的面紗」，就沒有任何自由。只要人們對正在發生的歷史變化是盲目的，決定論就繼續起作用。

然而阿圖塞確信，任何說「人自己創造自己歷史」的人只能是存在主義者和沙特的門徒。但是在沙特看來，創造行動是一種盲目的選擇。在馬克思看來，創造行動必須建立在形勢的客觀要求上(沙特把這看作是決定論而不是自由)；而且它屬於歷史命運是要奪取政權和建立社會主義的那個階級經過考慮的行動。指責那些認爲人在增加對自然的理解和控制，在發展生產力、創造和改變社會關係模式(即經濟和社會制度)時是自己歷史的創造者的人，是搞「存在主義」，的確是一派胡言。

決定論者的錯誤是看不到這之間有什麼差別，一方面是被外界力量強迫，另一方面是因爲以自然的方式研究顯著的東西而相信要這樣做。這是完全不同的兩碼事。在阿圖塞和高爾斯蒂克看來，自由似乎是完全沒有任何客觀根據所做的決定。找根據，在他們看來也就是受到我們已認識到的情況所制約。馬克思說：

「人們自己創造自己的歷史，但是他們並不是隨心所欲地創造，並不是在他們自己選定的條件下創造，而是在直接碰到的、既定的、從過去承繼下來的條件下創造。」[22]

這就是自由；不去**認識**、不去**選擇**的反面就是裝腔作勢——宣告人要遭到還沒有受到控制的歷史力量所強制。

如果經濟和歷史的規律不以我們爲轉移而起作用，那麼對我們說來，除了投降不可抗拒的歷史潮流以外別無任何自由。這不是「自由是對必然的認識」這句話的含意。它的眞正含意是，你只有用你自己的才智發現了眞正在發生的事情，你才是自由的。我們正處在歷史的十字路口，我們面前存在著解放和進步的機會和可能性，**我們必須抓住它**。但是，除非我們有理解的才智以及勇氣，不然歷史不會往前移動。對採取這一步驟，不存在任何強制的力量。採取這一步驟完全是每個個人和作爲階級的工人們的責任。也不存有任何辯證規律的不可避免性可以把事情貫徹到底，不管我們，同時也把我們撇開。正如馬克思說的，結局是：

「不是整個社會受到革命改造，就是鬥爭的各階級同歸於盡。」㉓

意識是反映世界還是改造世界？

意識不只是接受它的世界以及它的教育者的訓誡。意識也教育它的教育者並改造它所面對的秩序。意識是要求革命行動的知識，理解實際形勢的知識，因爲它是無產階級的知識，這個階級的條件嚴重地影響這種知識，所以它以不同的方式看問題而且也比現有的統治階級看得更淸楚。意識是對工人的關鍵地位的理解，是生死存亡的問題。意識是知道**爲什麼**必須改造它的世界和必須**怎樣**改造的知識，它表示不能接受現狀而必須超越現狀。意識像一個醫生的知識一樣，醫生知道自己病人的毛病，也知道怎樣爲他治療，使他擺脫現狀。最重要的是，意識是跟行動分不開的知識，是同時旣認識世界又改造所認識的東西的知識。意識是這樣一種行動，它在它的對象中影響變化，因而要求重新理解事實，然後又要求有進一步的行動。正是認識和行動的這種辯證法，馬克思才稱之爲實踐(praxis)。在我們看來，意識主要是社會的知識。它是診斷的、批判的，它能重新定向，重新創造並恢復元氣。總之，意識是革命的。

在現代無產階級看來，意識是資本主義的這樣一種發展的辯證法，它是通過工人階級革命行動的方式，由矛盾走向超越資本主義使人異化、使人癱瘓的「商品拜物教」和市場規律的。

但是，這不是自動進行的和不可避免的，而是完全依靠知識、決心和聯合行動爲其不可缺少的動力。理論在能夠改變世界以前，必須形成對世界的妥當解釋。然而，如果它作爲理論是有效的，那麼，當它開始決定塑造新的現實時，它就要消滅以反映現實的純理論面貌出現的自身。

傳統的哲學(阿圖塞正是在這方面是傳統的)，是以在現實和對它的理論解釋——馬克思主義思想的「體系」——之間有一定的距離爲前提的。但是馬克思主義務必在「現實的諸環節的……展開……＝辯證認識的本質」[24]中克服這種距離。

理論不再是反映現實，而變成是對現實產生作用的力量。但是，除非工人階級已充分發展到能夠妥當地理解它的形勢，不然這種情況不可能發生：

「意識的改革只在於使世界認清本身的意識，使它從迷夢中驚醒過來，向它說明它的行動的意義。我們的全部任務只能是賦予宗教問題和哲學問題以適合於自覺的人的形勢，像費爾巴哈在批判宗教時所做的那樣。」

「因此，我們的口號應當是：意識改革不是靠教條，而是靠分析那神秘的連自己都不清楚的意識，不管這種意識是以宗教的形式或是以政治的形式出現。那時就可以看出，世界早就在幻想一種一旦認識便能眞正掌握的東西了。那時就可以看出，問題並不在於從思想上給過去和未來劃一條不可逾越的鴻溝，而在於實現過去的思想。而且人們最後就會發現，人類不是在開始一件新的工作，而是在自覺地從事自己的舊工作。」㉕

實踐在馬克思看來旣是改變歷史進程的工具，又是對改造條件進行歷史評估的方法。這種認識方式的社會內容如果加以自始至終的考察，就會變得不言自明。實踐通過人的行動使現有的現實革命化。批判的武器當然不能代替武器的批判。

「物質力量只能用物質力量來摧毀；但是理論一經掌握群衆，也會變成物質力量。」㉖

---

❶馬克思，〈M致R〉，《馬克思恩格斯全集》，第一卷，（北京：人民出版社，一九五六年），頁四一八。

❷馬克思，〈黑格爾法哲學批判導言〉，《馬克思恩格斯全集》，第一卷，（北京：人民出版社，一九五六年），頁四六三。

❸馬克思的〈對黑格爾的辯證法和整個哲學的批判〉（一八四四年）。

❹恩格斯，〈路德維希·費爾巴哈和德國古典哲學的終結〉，《馬克思恩格斯全集》，第二十一卷，（北京：人民出版社，一九六五年），頁三一一。

❺馬克思，〈給《祖國紀事》雜誌編輯部的信〉，《馬克思恩格斯全集》，第十九卷，

(北京：人民出版社，一九六五年)，頁一三〇。

❻ Louis Althusser, *For Marx* (London: New Left Books, 1977), p. 197.

❼ *Ibid.,* p. 82.

❽馬克思，〈第二版跋〉，《馬克思恩格斯全集》，第二十三卷，(北京：人民出版社，一九七二年)，頁二四。

❾ Lucien Séve, *Marxism and the Theory of Personality*. 原文沒有標明出處頁碼。——中文版譯者。

❿ Louis Althusser, *Reading Capital* (London: New Left Books, 1970). 原文沒標明出處頁碼。——中文版譯者。

⓫ Lucien Séve, *op. cit.*

⓬ *Ibid.*原文沒有標明出處頁碼。——中文版譯者。

⓭ *Ibid.*原文沒有標明出版處頁碼。——中文版譯者。

⓮馬克思，〈經濟學手稿〉(一八五七年～一八五八年)，《馬克思恩格斯全集》，第四十六卷(上册)，(北京：人民出版社，一九七九年)，頁四八六。

⓯列寧，〈馬克思主義和起義〉，《列寧全集》，第三十二卷，(北京：人民出版社，一九八五年)，頁二三五～二三六。

⓰ Louis Althusser, *Reading Capital,* p. 56.本段引文跟原著有出入。——中文版譯者。

⓱ Ibid., p. 59. 本段引文跟原著有出入。——中文版譯者。阿圖塞似乎不知道，數學家們不再相信數學的基礎理論是毫無疑問的。

⓲馬克思，〈哲學的貧困〉，《馬克思恩格斯全集》，第四卷，(北京：人民出版社，一九五八年)，頁一五七。

⓳馬克思和恩格斯，〈神聖家族〉，《馬克思恩格斯全集》，第二卷，(北京：人民出版社，一九五七年)，頁一一八～一一九。

⑳馬克思，〈黑格爾法哲學批判導言〉，頁四六一。原文有著重號。——中文版譯者。

㉑馬克思和恩格斯，〈神聖家族〉，頁一六六～一六七。引文跟原著有出入。——中文版譯者。

㉒馬克思，〈路易·波拿巴的霧月十八日〉，《馬克思恩格斯全集》，第八卷，（北京：人民出版社，一九六五年），頁一二一。

㉓馬克思和恩格斯，〈共產黨宣言〉，《馬克思恩格斯全集》，第四卷，（北京：人民出版社，一九六五年），頁四六六。

㉔請參考列寧，〈哲學筆記〉，《列寧全集》，第五十五卷，（北京：人民出版社，一九九〇年），頁一三二。

㉕摘自一八四四年發表在《德法年鑑》上的大概是寫給盧格（Arnold Ruge）的一封信。見馬克思，〈M致R〉，頁四一八。

㉖馬克思，〈黑格爾法哲學批判導言〉，頁四六〇。

15

李森科：未完結的歷史*

——一種關於改正錯誤的批判觀點

阿圖塞

現在談論李森科(Trofim Lysenko)的問題猶如兒戲，說他是一個騙子，他走運完全是由於史大林的專制就完事了。但是，從馬克思主義觀點考察李森科學說(Lysenkoism)的歷史，是危險得多的事情。

這裡我只想就某些突出的事實和追想得起的情況，談一點看法。

李森科的這部漫長而紛亂的歷史畢竟有點奇怪。這部歷史涵蓋了蘇聯的歷史將近有五十年的時間，相繼動員了農業機構的力量、官方哲學的力量，最後是在一九四八的大獻祭中動員了蘇聯的國家機器以及全世界的共產黨人的力量。這是一部漫長的、丟盡顏面的和富於戲劇性的歷史，它在幾十年當中，在理論欺騙的基礎上，製造了各種對抗、分裂、悲劇和犧牲品。可是現在，**這部歷史簡直不存在了**。

它在封閉的蘇聯檔案的沈默不語中無聲無息，在它無論是理論上還是政治上都已被埋葬的事實中無聲無息。的確，它仍然縈繞在那些從鎮壓和欺詐中活過來的人們的記憶中，但是卻沒有一個蘇聯哲學家或科學家表示過或有能力表示要寫一部關於這個時期的馬克思主義史，給陰影中投入一點點亮光❶。可以跟掌管檔案的蘇聯人的沈默不語相比的，是在蘇聯國外體驗過同一部歷史的同樣一些壓抑而且對此一言不發的共產黨人的沈默不語。

共產黨人和他們的歷史

因此，在這裡，正如在後來用「個人崇拜」❷這一可笑名稱命名的可怕現實中以及在工人運動歷史上的其他許多插曲中一樣，就出現了一個非比尋常的矛盾：共產黨由馬克思在歷史上第一次提供了理解歷史的科學手段，它們在分析其他力量和其他時代時，一般說來對這一手段運用得很好，但是**對於它們自己的歷史**，特別是在它們犯了錯誤的時候，**它們似乎就無力作出馬克思主義的說明了**。

爭辯說在歷史中難於決定自己的方針，最強的意志都能被條件所折服並迷失道路，過去、傳統、習慣(列寧對它們都很害怕)能給現在投射它的陰影，那是沒有益處的。因爲這些條件本身我們都能加以分析(如果爲此需要新的概念，爲什麼不能把它們製造出來呢?)。最後，假定忽略了這一分析，然而這一最曖昧的歷史按其結果看還是非常清楚，足以讓共產黨人(即使在沈默不語中)**通過**發生了(對某一細節或對路線)改正的**事實**，來承認他們犯錯誤的**事實**。

但是，有人會說，如果已經改正了錯誤，假如共產黨人正在「前進」，他們不理睬錯誤又有什麼關係呢？稱作「個人崇拜」的制度顯然已經被改頭換面說成是「破壞蘇聯法制」，這種破壞不是已被蘇聯人自己「改正」了嗎？他們不是用重新把工作派給遺傳學派和恢復他們有汚點的聲名這一方式來「改正」了李森科學說的錯誤了嗎？曾經比任何其他黨都走得更遠的法國共產黨，它的領導人躲在它「優秀的知識份子」後面，對李森科學說以及資產階級和無產階級「兩種科學」的理論備加稱頌——它不是已經用及時放棄它的信仰的這種宣告、停止對它的黨員施加壓力來「改正」了嗎？當然，任何人都沒有爲自己的行爲作過解釋。但是那的確沒有什麼關係，因爲無論如何事情已「改正」了……。這個「論點」還有更有份量的理由，就是說它始終可以援引實踐先於理論的第一性這種現成的漂亮理論：一個具體行動勝過世上所有的一切分析！

列寧對待錯誤的方式

我們必須毫不猶豫地說，這整個論點是與馬克思主義不相稱的。回想一下列寧，他(不管各種波柏式的「證僞」愛好者怎麼樣，得這樣說)在知識修正過程中配給**錯誤**一個特權地位，他在科學實驗和政治實踐方面，也派給錯誤一種對「眞理」進行啓發的第一性：他曾反覆說過多少次，視而不見，對失敗保持沈默，比遭受失敗更壞，閉眼不看錯誤比犯錯誤更壞。

我們知道他曾多少次承認這樣的錯誤：在布列斯特和約(Brest-Litovsk)問題上，他不停地考察這些情況；在戰時共產主義問題上：「我們錯了，」正因爲如此……，列寧才不是一個歷史學家，但是他從他的行動立場出發，面對著蘇維埃革命可怕的矛盾，曾經告誡過工人運動必須分析和了解自己的過去，這並不是出於對歷史研究的愛好，而是出於跟現在本身有關的政治原因：以使它不在黑暗中進行戰鬥。你們必須追根究底，分析發生錯誤的原因，以便眞正**理解**它，從而眞正能夠改正它：如果不這樣，那麼甚至在最好的情況下也只能改正部份的錯誤，而且還是改正最表面的那一部份。列寧改正錯誤的概念與這種看情況「改正」的概念完全不同。他主張分析的第一性，認爲工人運動需要理解自己的歷史，理解自己過去做了些什麼，什麼地方成功了，什麼地方失敗了，他這是主張**馬克思主義政治的第一性**。

如果我們要衡量列寧在說閉眼不看錯誤比犯錯誤更壞時的意思，就必須非常認眞地考察對待錯誤的方式這個問題。

因爲我們沒有任何宗教，甚至沒有我們理論的宗教，更沒有歷史目的的宗教，我們知道，階級鬥爭從來不是像水晶那樣透明的，無產階級進行它自己的階級鬥爭，這一鬥爭跟資產階級的鬥爭不一樣，無產階級是一個總是忙於鍛鍊自己團結的階級，它對自己本身也不是透明的。正是在階級鬥爭中，無產階級才開始解脫和面對它所陷入的那種力量對比中，才得以釐淸它鬥爭的「路線」。這絲毫不像在一種純粹的意識面對一種形勢的純粹客觀性時那樣清楚透明。因爲整個過程是由矛盾的關係構成和統治著的，這些關係是一點一滴地被意識和發現到的，而且以後可能表現出某些或是提前(多元決定)，或是推遲(不足決定 Underdetermination)的意外情況。正因爲如此，儘管階級鬥爭是附在一種占主導地位的關係體系中，它必然還是一種充滿有時是戲劇性或悲劇性錯誤的歷史。產生這種錯誤的可能性，正像產生偏向的可能性一樣，是包含在宰制著階級鬥爭的矛盾關係之中的。一個錯誤——即使事先被那些被人輕視、被人否認、被人解除武裝或被人擊潰的少數派指出來——總是在已經**爲時過晚**的時候才被人承認、被人譴責，說是錯誤(但願是**眞的**得到承認了!)。而且由於這一鬥爭在發展，甚至對那些判斷和決定每一個問題沒有得到任何上級幫助就事先淸楚地看到了的人們來說，儘管顯得很荒唐，在這裡我們還是必須談談**不具有眞理的錯誤**，以及不具有常規的偏向。一個還沒有被人克服的缺點、一次猶豫、一點偏差、一次失敗或危機，在現實當中，即在無所謂眞理或常規的現實中，緩慢地發展或突然發作：這就是錯誤，這就是偏向。

改正的政治學

回頭來談列寧：在事後承認錯誤(或偏向)的存在，對於悄悄地「改正」它感到心滿意足，不給自己提出作爲馬克思主義者來分析它的眞實歷史，也就是說分析它的條件和原因的這一任務，這樣夠了嗎？我認爲不夠。如果黨面對著一個眞正的錯誤，一個再也不能容忍的錯誤，對於只是承認它、「改正它」，而不說明它，**即**不對它進行眞正的和深刻的馬克思主義分析就感到心滿意足，那麼錯誤的實質就會原原本本地在這一沈默不語的掩護下，以「改正了的」形式繼續存在下去。如果你抵死不談論錯誤的歷史，不分析它，不設法理解它，錯誤怎麼會被改正過來呢？**你連錯誤是什麼都還沒有弄清楚**，怎麼能夠認眞地說已經「改正」錯誤了呢？你注定只能隨意地「改正」它最顯而易見的地方，或者是最遭猜忌的、只是一些細節或者表面的東西。總之，你會「爲事情賠罪」——但只是在不損及需要一言不發的現有體制有可能的範圍內。如果任何人都不談論錯誤，那麼錯誤就會繼續存在。即使假定**目的**是要讓它能夠安然存在，那麼就是一丁點兒也「改正」不了錯誤。

可以看得出來，在這種問題上，錯誤、奸詐和欺騙之間的界限是很小的：閉眼不看錯誤的根源，不管是有意的還是勉強同意的，通常都有**政治上的**原因。如果列寧這麼重視把錯誤連根剷除掉，那是因爲**連根剷除錯誤的過程始終是一個政治過程**，包含有政治鬥爭。時間的考驗已表明，沒有任何第三條道路：正像爲了消滅錯誤及其根源需要一種政治決定的行動一樣，爲了**不**想分析錯誤、**不**想理解它從而**不**想連根剷除它，也需要一種政治決定的行動（即使不是公開的，而是隱蔽的）：決定站在錯誤方面，推動需要這一錯誤安然存在下去的政治事業。

非史大林化？

我們是否必須再次提到「個人崇拜」這個聲名狼藉的名詞所表示的現實呢？是的，我們必須再次提到它——因爲還沒有打破沈默。但是，即使就是還沒有把這種持續很長時間的悲慘事實解釋清楚，爲什麼還是要反對把它們埋葬掉呢？不管怎樣，蘇共二十大不是也已承認「錯誤」（常常是補充說：世界上有哪個其他的黨敢做這種承認呢？），並「改進」了嗎？不是也已經恢復「社會主義法制」了嗎（「只是」曾經被破壞過）？蘇聯領導人不是這樣「讓事情步入正軌」，把「毛病」改正過來了嗎？所有那些曾預先指出錯誤的聲音，當然都因爲遭到凌辱、懲罰、甚至死亡而消聲匿跡。但是，當危機公開化以後，是已到了不能不承認錯誤的時候。這樣，就在事後承認錯誤了，而且是以非常有限、非常狹隘的方式，同時還是按照幾個被說成是妥當的決定來處理的。但是至於說到探索錯誤的基本原因——探索它在蘇聯社會形態的歷史中、在這個社會形態的階級鬥爭中以及在運用在基礎和上層建築的政治「路線」中的根源——就沈默不語。

我這裡說的，不是一時的沈默不語或欲語還休，而是一種持續二十年之久的沉默不語。可以看得出來，蘇聯領導人已經拒絕**而且還在一直拒絕**對這個與其千百萬的受害人一樣被埋葬在官方沈默不語中的巨大錯誤，進行馬克思主義的分析。他們甚至推翻了赫魯雪夫曾藉以喚起人們希望的那一點點少得可憐的說明。蘇聯就這樣生活在對它自己歷史稱心如意的沈默不語中。可以肯定，這種沈默不語跟這個制度絕不是無關的。列寧的話重新響起：對錯誤保持沈默意味着准許或鼓勵錯誤繼續存在。如果繼續沈默下去，那麼錯誤也會繼續下去。沈默不語的目的甚至可能是**保證**繼續錯誤下去——以便坐收隨之而來的政治好處。

今天的蘇聯

我當然不否認，群衆不再受到它最血腥形式的傷害，我也不否認，它現在說直接受害的人數目很少很少；但是它的確仍然聲稱是受害人，史大林時期的鎮壓制度，包括集中營在內，仍然存在著，那個時期在社會、政治和文化生活方面的基本做法也依然如故。在這些東西後面存在著經濟主義的基本因素，這種經濟主義跟其意識形態對應物，即一種極其順從和沈悶的口頭上的人道主義結合在一起。我們需要補充一個縱使不是那麼有說服力但也是很可笑的反面證明嗎？爲了在法國輿論面前「挽救」蘇聯的社會主義，很盡責的法共官員已經給我們解釋說，蘇聯在它向「民主社會主義」的過渡中所遇到的「困難」只是形式上的，因爲蘇聯只是按「社會主義標準」「落後」，就是說落後於它的本身。證據是什麼呢？蘇聯擁有爲成爲充分「民主的」所需要的一切「**資源**」(經濟的增長，廣泛傳佈的文化)，而且更有甚者，它感覺到了這樣做的「**需要**」(「擴大民主的需要」——**原文如此**)。

那麼有什麼東西缺乏呢？嚴格說來，什麼也不缺。只有一個額外的小小的因素，即「民主」社會主義的想法，現在蘇聯人還沒有這種想法，但是會有的：我們必須再等**一會兒**。但是這個不幸的事實，或者更正確地說，**單純的事實**是，蘇聯顯然並不想要知道這個落後、民主的資源和需要的辯證法，以及這個「額外的」小小的因素。跟人家告訴我們的情況相反，也跟這個完全非馬克思主義的假辯證法相反，蘇聯政權很有可能既沒有「民主社會主義」的資源，也沒有「民主社會主義」的任何需要。它沒有按照馬克思主義眞正分析它巨大歷史「錯誤」的階級基礎，那肯定不是因爲它健忘或心不在焉，而是因爲在某個地方，在它自己的社會關係中，爲了維持這種關係，對這種錯誤有**政治**上的「需要」，因此也需要讓這種錯誤繼續存在下去。

是直言不諱，停止(對自己)瞎騙胡扯的時候了。我們必須承認，蘇聯領導人已經拒絕而且現在仍在拒絕用馬克思主義分析的現實，就還沒有被「改正」這個範圍來說，的確構成蘇聯制度的一個組成部份(不是殘餘或偶然的東西)，因爲它在其中起了一種重要的作用。最微妙的區分或辯解的遁詞都不能改變這一事實。沒有經過分析的史大林時期各種做法的路線和實質，在蘇聯和別的地方都安然無恙地繼續貫徹推展下去。對這些做法不加以分析，明顯可見是由於**政治**的原因：這樣它們就不會有危險，這樣它們就能夠繼續存在，因爲它們對維繫現有的社會關係是必需的。但是在那種情況下，就必須完全改變問題的提法，以便擺脫那個有關「時間和空間」的「偶然事件」這一可笑理論——彷彿社會主義像亞里士多德的實質那樣不受干擾，事情發生在它身上純屬偶然(這個理論就是建立在實質與偶然的概念區分之上的)。必須提出這個簡單但是嚴肅的問題：**今天構成蘇聯社會形態的是什麼樣的社會關係？**

李森科和知識份子

李森科事件就其本身來說顯然是一個歷史份量較小的事件。但是它所提供的教訓卻還是一樣重要。而且它跟我們有直接的利害關係，因爲法國共產黨在一九四八年～一九五二年在這個問題上扮演了意識形態的和政治的先鋒隊角色。在這裡事情也已經「改正」了。但是是怎樣改正的呢？沒有任何的分析。這樣，誰會有可能探尋到事情的根源，並在了解其原因的基礎上來抨擊它的後果呢？整個現象被**歸結**爲打算要「改正」的那一個因素。正像蘇聯人已經把史大林偏向的事實歸結爲「破壞社會主義法制」純粹司法層面的問題一樣，李森科學說被歸結爲一次涉及生物學問題的理論胡鬧、一次因爲國家介入所助長的胡鬧。既然已經「糾正了」科學的立場，既然已經拋開了「兩種科學」的理論，禁止國家介入科學研究的領域，就決定不做任何進一步解釋轉到「下一件事情」了。對因爲這種把知識份子（通過壓力、威脅和鎮壓的束縛方式）跟國家綁在一起（知識份子則反轉過來爲國家對人民群衆的宰制服務）的國家意識形態而牽扯到的「知識份子」社會階層這一問題保持沈默。對階級關係和階級衝突，對維繫整個制度的經濟主義和唯意志論的政治路線保持沈默。對這樣的事實保持沈默，即官方觀點的辯證唯物主義**保證了**李森科的理論，而這些理論則反過來爲「**證明**」這種官方觀點，強化它扮演「科學的科學」這一角色的要求服務。對李森科學說有分寸的「改正」並沒有觸及到這些現實，這些現實仍然決定著這一脫軌的歷史命運。它們在圍繞著它們的官方沈默中繼續貫徹推展下去了。

馬克思主義哲學的命運

在所有現有的例子當中，我只挑選一個例子，即馬克思主義哲學的例子來談。因爲它受李森科事件連累，而且很明顯受到連累，所以分析這個錯誤就可以使馬克思主義哲學得到徹底考察。那麼我們也就有可能看到，馬克思主義哲學的某種——讓我們說——**本體論**觀點許多年來已在蘇聯得勢，它被史大林在他爲《聯共(布)黨史》(*History of CPSU*〔*B*〕)寫的著名的一章中編成了法典，它在蘇聯和所有共產黨內變成了占主導地位。我們也就有可能懂得，在馬克思恩格斯的著作中能夠找到的馬克思主義哲學某些先前存在的矛盾，爲什麼可以讓後來的作家們(而且最後是史大林)輕率地一頭栽進一種本體論裡頭去。同時這一來，我們也就有可能取得對這樣一種哲學的某些看法，這種哲學呈現存在於工人運動的理論和政治行動實際狀態中的荒謬特點，而這一工人運動除了有人按照某些草率的、體系還有(而且從一些確實的理由來看，是有)問題的論點說明過以外，從來沒有人說明過。總之，我們就有可能從馬克思主義的觀點，嚴謹地提出辯證唯物主義、辯證唯物主義的矛盾和偏向的問題，以便使馬克思主義哲學眞正走上它自己的道路：「批判的和革命的」道路(馬克思)。

但是事情並沒有這樣。大家聽任事情停留在其原先的狀態中。而且辯證唯物主義占主導地位的觀點還繼續貫徹成功地推展下去。這種辯證唯物主義占主導地位的觀點，把唯物主義變成爲一種被認爲是由辯證法來表達其「規律」的物質的本體論，這種觀點也抵死不承認唯物主義和辯證法的全部價値在於它們不是陳述「規律」，而是陳述**論點**。

的確，它甚至在今天仍然占主導地位。蘇聯哲學家及其追隨者們的消極而卑屈的抗議——像他們關於「演繹觀點」(**原文如此**)可笑的告誡，令人想起「油漆未乾」的警告牌——根本打不開一條生路，可以解脫對於**既成事實**的「解釋」和辯護還是完全超然物外，因此實際上是反動和產生不了作用的一種馬克思主義哲學觀點的這一宰制。難道馬克思主義哲學家們已經忘記馬克思關於辯證法所說的話？馬克思說，辯證法能夠成爲這樣的東西，也能夠成爲那樣的東西，它能夠或者成爲「批判的和革命的」，或者扮演「頌揚現狀」的角色。

至於說到這個問題的政治根源：爲什麼會有作用是在掩護並使馬克思主義哲學這種占主導地位的觀點永世不移的這種沈默呢？原因必定是這樣：擅長於「頌揚現狀」，擅長於把替它做事的人變爲理論生產學校校長的這種觀點，它起的完全阿諛奉迎、爲現狀辯護的作用、爲現存的政治實踐服務的工作做得太好了，因此不能讓它消失掉：這些政治實踐「需要」它。在本身限於「解釋」(馬克思)工作的最優秀的唯心主義傳統裡頭，它給這些實踐預先(即**在事後**)提供此時此刻的每一項政治決定比較有力的**保證**和**證明**，因爲它就是扮演爲它們服務的角色，且不提做家事雜役的奴婢。它變不出什麼把戲來，也不能讓它自己的對手相形見絀，但這又有什麼關係呢？至少它能在黨內充當一種**內部的意識形態**，爲黨的幹部和成員提供一套通用的口令，一套內部的有助於加強組織團結的承認記號體系。此刻團結自然不是一件壞事——但是爲團結而團結、不顧任何目的和**不擇任何手段**的團結呢？這一切自然要付出代價才有可能做到，因爲哲學退化爲一種實際的意識形態，因爲黨提供它的辯證法「規律」的保證來維繫黨的意識形態，會鼓勵黨把自己封閉起來，跟外部世界斷絕聯繫。它會使黨在每個領域失去眞正的馬克思主義哲學、「批判的和革命的」哲學能夠讓它的理論和歷史實踐獲得的那種政治好處。

李森科學說的代價

如果我們**單單**考慮這個後果(有更加嚴重的後果)，就能清楚地看到，法國黨已經因爲它替李森科學說辯護，因爲它在牽扯到的和生死攸關的政治、理論和哲學問題上保持沈默，支付了多少代價。因爲它不加思索地轉到「下一件事情」上，因爲它畏縮不敢對馬克思主義哲學反動的曲解展開辯論，因爲它沒有把這一哲學轉變成爲一種「批判的和革命的」武器，它損失了許許多多的知識份子：許多人由於這些原因離開了它，甚至更多後來的人決不參加。當我就此提到「知識份子」的時候，我是有意這樣做的。他們在蘇聯是占主導地位的辯證唯物主義觀點和「兩種科學」理論的靶子：目的旣是要團結他們，也是要讓他們歸屬。知識份子——這是現有的分工的結果——對理論和哲學問題特別敏感。他們對共產主義的黨已經懷有許多偏見，在想用批判和革命的名義把他們爭取到一場理論騙局、爭取到一種「頌揚現狀」的哲學這一邊來的時候，如果他們不管在什麼地方(自然是在西方)只要是能夠就保持距離，那麼就不要感到奇怪。對於黨和知識份子之間的關係這個「讓人感到不舒服的問題」，確定連把它給(正確地)提出來都還很困難，更不要說解決了，那麼你也不必感到吃驚了。

因爲對待錯誤的方式本身是政治的，而且按照它自己的方式成爲政治立場的指標，我們就不能不得出結論說，凡是拒絕對占主導地位的辯證唯物主義觀點質疑的人，都是遵循一種路線，都是支持不「需要」

對大家都認爲已經「改正」過來的錯誤這些原因進行分析的作法。李森科就是這樣被「改正」過來了的。好像因爲是偶然的關係，才從來沒有人懷疑過馬克思主義哲學這一占主導地位的觀點：因爲大家都需要它的服務。

李森科的歷史是結束了。有關李森科學說出現的原因的這套歷史卻還沒有結束。

有一種歷史是走到盡頭了。難道另一種歷史就沒完沒了嗎?

＊本文是列庫特著的《李森科：一門無產階級科學的眞實歷史》一書的前言。英譯者爲洛克。

❶麥德維杰夫(Zhores Medveder)的書儘管有趣，但不能被說成是一部**馬克思主義的**歷史。

❷有兩本書例外，這兩本書是：Fernando Claudin, *The Communist Movements*; Charles Bettelheim, *Les Luttes de classes en U.R.S.S.*

16
馬克思主義的危機

阿圖塞

下面這篇文章是以發表在一場研討會上的演講爲基礎的。這場研討會是一九七七年十一月十一日至十三日，由《宣言報》(*Il Manifesto*)以《革命後的社會》(*Post-Revolutionary Society*)爲題在威尼斯(Venice)舉辦的，研討會聚集了來自西歐和東歐的許多馬克思主義者和社會主義者。會議的記錄用義大利文發表在Alfanieditore出版的《革命後社會中的權力與對立》(*Potere e opposizione nelle società post-rivoluzionarie*)一書中，也出了法文版，出版者是Le Seuil。❶

我將僅就我們目前的處境談一點想法。因爲我們對幾位東歐流亡者的關心，不僅僅是基於了解情況的需要，也不只是爲了表示團結。在東方國家裡現在發生的一切跟我們有直接的關係。因爲在那裡現在發生的事情現在也發生在我們身上。在這些國家裡繼續發生的每一件事件都直接跟我們有關係，對我們的觀點、我們的鬥爭目標、我們的理論、我們的戰鬥和工作方式都有影響。

我必須事先爲我在短短幾分鐘內非常粗略、非常概括地——沒有必然的差別——把我的評論提出來，向大家說聲抱歉，要不是某一段時期，現在大家都已經在他們當中開始談論一場**馬克思主義的危機**了。羅桑達(Rossana Rossanda)在開幕詞中就用過這個措詞。

有些措詞在社會鬥爭的歷史中扮演了這樣一種可疑的角色，以致你對使用它們會猶豫不決。一個世紀以來，「馬克思主義的危機」這個措詞已經被工人運動的敵人一再地使用著——不過這是爲了他們自己的目的，目的是要預測馬克思主義的崩潰和死亡。他們爲了資產階級階級鬥爭的利益，利用了工人運動的困難、矛盾和失敗。今天，他們正利用蘇聯集中營的恐怖及其後果來反對馬克思主義。在階級鬥爭中，恫嚇也占有它一席之地。

我們必須撿起「馬克思主義的危機」這個措詞，但賦予它完全跟崩潰和死亡完全不同的含義，來對付這種恫嚇的挑戰。我們毫無理由害怕這個措詞。馬克思主義已經經歷過其他的危機時期，例如導致第二國際「破產」以及它逃離到階級合作陣營的那個危機時期。但是，馬克思主義生存下來了。我們決不應害怕使用這個措詞：從許多跡象可以看得很清楚，今天馬克思主義再度處於危機之中，而且這一危機是公開的。這是說是有目共睹的，包括我們的敵人在內，他們正在竭力利用這種局勢。但是我們已經習慣於這種牽制戰術了。我們自己不僅能夠**看到**這場危機：我們**正在經歷這場危機**，而且已有很長一段時間了。

這場馬克思主義的危機是什麼呢？是一種必須在歷史和世界的範圍來掌握的現象，是跟以馬克思主義傳統爲基礎的革命鬥爭組織現在牽扯到的困難、矛盾和困境有關的現象。不僅國際共產主義運動的團結受到了影響，它的舊的組織形式遭到了破壞，而且它本身的歷史以及它的傳統戰略和做法也成爲問題。顯得荒唐的是，在帝國主義遭到它從未有過的最嚴重危機的時刻，在工人階級和人民的鬥爭達到空前規模的時刻，各國的共產黨卻都各行其是。至於不同的戰略和做法之間的矛盾對馬克思主義理論本身現在有它自己的影響，這一事實卻也只是這場深刻危機的次要方面。

「出了毛病」的某種東西

這場危機在像我們的同志們，即米拉菲奥列(Mirafiore)的工人們昨天在這裡發表的那種意見中表達得最直接、最明顯。他們說：在我們許多人看來，工人運動歷史中在它的過去和現在之間有某種東西「出了毛病」，有某種東西使得它的未來變得捉摸不定。至少乍看起來是如此，也許在更深的層次上也是如此。因爲**這是事實**：今天不再有可能像以往那樣，把過去和現在「整合」在一起，把一方面是一九一七年十月革命、蘇維埃共和國以及史大林格勒的巨大世界作用，另一方面是史大林政權和令人難以忍受的布里茲涅夫(Leonid I. Brezhnev)體制的恐怖「整合」在一起。這同一批同志還說，如果不再可能像通常那樣把過去和現在結合在一起，那是因爲在群衆的心裡面不再存有任何「已經取得的理想」、任何眞正活生生的社會主義樣版。有人們告訴我們說，東歐各國是社會主義國家，然而在我們看來，社會主義是完全不同的東西。這個單純的事實當然並沒有不經意地就讓它給溜過去：它產生了蘇共二十大的震憾作用，並且在一些西方共產黨領導人的反覆聲明中得到支持並表達出來，他們聲稱：「沒有一種單一的社會主義模式」、「我們拒絕模式的概念」等等。這一切都是對的，但對於群衆提出的問題它並沒有答覆。因爲只是說有「多種通向社會主義的途徑」，你並不能眞正指望說可以**理解**目前的形勢。因爲歸根到底你那時不能迴避另一個問題：有什麼東西會使通過不同途徑取得的這種「不同類型的社會主義」終究不能夠完全像現有的社會主義形式呢？而回答這個問題的答案又取決於另一個問題：蘇聯的社會主義爲什麼以及如何導致史大林出現和目前的政權？

但是這後一個、關鍵的問題並沒有人妥善地回答過。

我們正在經歷的這場危機因爲一種特殊的情況已經更趨嚴重。不僅在共產主義運動史上有東西「出了毛病」，不僅蘇聯已經從列寧「走到」了史大林和布里茲涅夫時代，而且聲稱本身是以馬克思的學說爲根據的階級鬥爭組織即共產黨本身，對這段戲劇性的歷史也還不能眞正提出任何說明——蘇共二十大已經過去二十年了！它們要麼是不願意這樣做，要麼就是不能這樣做。在他們保持沈默或由於政治上的動機拒不作答的背後，在我們十分熟悉的那些可笑的措詞（「個人崇拜」、「破壞社會主義法制」、「俄國的落後」，且不說人們**一再**向我們**保證**的「蘇聯已經奠定了民主的基礎——只要稍加等待它就會開花結果」）的背後，在所有這一切的背後，有更嚴重的東西在：這是說，要對這一段畢竟是以馬克思主義的名義創造出來的歷史，提出眞正令人滿意的馬克思主義說明，是極端困難的（每一個認眞研究這個問題的人都很清楚這一點），而且以我們目前的理論知識水平，也許甚至幾乎是不可能的！如果這種困難不單純是個謎的話，這就意味著我們正在經歷著這樣一種形勢，它正向我們表明馬克思主義理論的種種局限，而且在這些局限的背後存在著某些關鍵性的難題。

我想我們必須就現狀來這樣說，馬克思主義的危機並沒有繞過馬克思主義的理論：它不是發生在理論領域之外，不是發生在偶然的和戲劇性事件的單純歷史領域裡。我們身爲馬克思主義者，對於這樣的想法本身不能感到心滿意足，即馬克思主義的理論以純粹的形式存在於某個地方，不牽扯到也不受到歷史鬥爭的艱巨任務和馬克思主義理論作爲行動「指南」直接關係到的歷史鬥爭結果所連累。正如馬克思不斷指出的，以爲馬克思主義的理論作爲一種理論，要對以它的名義創造的歷史負責，這會是十分唯心的：創造「歷史」的不是「思想」，甚至不是馬克思主義的思想，正如明確說明一個人或一個組織的不是「自我意識」(自己應用「馬克思主義者」這個名稱)一樣。但是，以爲馬克思主義的理論不牽扯到也不受到馬克思主義所喚起或者自稱是馬克思主義者的人扮演重要或決定角色的階級鬥爭組織行動史這一艱巨考驗所連累，這會是同樣唯心的。要認識到馬克思主義的理論確實跟它所喚起的或者利用它作參考的(在它的戰略和組織領域，在它的目的和手段上)政治實踐有關，一個馬克思主義者只需要嚴謹地對待關於實踐先於理論的第一性這個論點。這種牽扯的方式和結果必然反過來影響理論，引起或暴露出衝突、變革、差別和偏向：這些方式和這些結果本身就具有一種政治性。正是在這種意義上，克勞汀(Fernando Claudin)早在八年前，爲了分析國際共產主義運動的危機，才會談到「理論的危機」，而且特倫廷(Bruno Trentin)不久以前才會說組織問題(黨和工會的關係)本身就具有理論上的意義和重要性。

正是在這種深刻政治的意義上，我認爲我們今天才不得不談到馬克思主義內部的一場理論危機，以便闡明危機影響到所謂馬克思主義理論本身的範圍，特別是許多從第二國際和第三國際繼承下來的看上去一貫正確的原則現在已經受到懷疑的這個事實。我們可以看得非常清楚，我們不能避開國際共產主義運動的危機所引起的震撼作用，不管是公開的(中蘇分裂)還是隱蔽的(蘇共和西方共產黨之間)；也不能避開沒有任何可茲證明的理論或政治理由，就正式或悄悄地放棄像「無產階級專政」這樣重要的原則而產生出來的問題；更不能避開目前鬥爭捉摸不定的思考角度所產生出來的問題。顯而易見的政治上的困境、戰略上的差別和矛盾、不同的表達方法和不同的樣板所引起的混亂——所有這些都具有明顯的政治含義，它必然會對馬克思主義的理論本身產生影響。這在實際上給馬克思主義的理論提出了許許多多的問題，不僅涉及到當前歷史形勢的矛盾，也涉及到它本身的特性。

對馬克思主義危機的三種反應

在這種情況下，如果撇開馬克思主義的敵人對它的利用不談，我們就可以很概括地區分對這場危機的三種反應。

1.第一種反應是某些共產黨所特有的，就是閉眼不看、閉口不談：儘管東歐的群衆和青年人對馬克思主義普遍感到不滿，馬克思主義在那裡仍然是官方的理論和意識形態。從官方來說，馬克思主義沒有危機，危機是馬克思主義的敵人揑造的。另有些黨則考慮到這個問題，並且以實用主義的方式對某些經過選擇的重點保持距離，或者在另一些方面「放棄」一些「令人爲難的」提法，但總是保全顏面：不把這場危機叫做馬克思主義的危機。

2.第二種反應是承受這場危機的衝擊，度過危機並且忍受危機，同時尋找寄望於工人運動和人民運動的力量的眞正原因。我們當中沒有一個人能夠完全避免這種反應，然而這種反應夾雜著許多問題和疑惑。因爲你不能永遠一直用最低限度的關於這麼重要的一種歷史現象的思考和反省來過日子：誠然，工人運動的力量是一種現實，但是，它唯獨不能取代適當的解釋、思考和其中顯著的差別。

3.第三種類型的反應正是用充分的歷史、理論和政治的思考角度去看待這件事，目的是想發現這場危機的性質、意義和內在的因素——即使這樣做是不容易的。如果我們做到了這一點，那麼我們就可以開始用另一種方式說話，而且從一段漫長的歷史中解脫出來，我們不用說「馬克思主義處在危機之中」，我們能夠說：「馬克思主義的危機終於爆發了！危機終於充分暴露出來了！終於可以通過這場危機並從這場危機中把某種充滿活力的東西解放出來了！」

這不完全是一種對這個問題的反常的提法，也不完全是任意地把這個問題頭腳顛倒過來。我們用「終於」這個詞，意思是要引起大家注意在我看來是關鍵性的一點：馬克思主義的危機並不是最近才有的現象；它不是最近幾年才開始的，也甚至不是從由於中蘇分裂而公開化、由於西方共產黨和蘇共之間的「分歧」而加深了的國際共產主義運動的危機開始的；它甚至不是從蘇共二十大開始的。即使說它只是在國際共產主義運動的危機爆發以後才引起公衆的注意，實際上馬克思主義的危機早就存在了。

一場受到遏制的危機

如果說馬克思主義的危機已經爆發，如果說它現在在一個漫長過程的末尾已變得顯而易見，那是因爲它已經醞釀了很長的時間：有各種形式**阻止**它爆發。要想到更遙遠的歷史時期中去探尋這個危機的最初的步驟或原因，不用試著回到歷史中去，我們可以說，**在我們看來，**非常概括地說，馬克思主義的危機是在三十年代出現的，而且一出現就被壓下去了。馬克思主義一向由於自己的矛盾而生機勃勃，正是在三十年代，它開始被禁錮在一些「理論」公式中，被禁錮在由史大林主義的歷史控制所強加的路線和實踐中。史大林在以自己的方式解決馬克思主義的一些問題時，強制推行了一些旨在遏制危機的「解決辦法」，這些解決辦法本身反過來引起和加劇了危機。史大林甚至在馬克思主義本身的基本性質和困難的範圍內逾越馬克思主義的界限時，實際上在馬克思主義內部引起了嚴重的危機，但是他用同樣的手段遏制了危機，阻止了它的爆發。

因此，我們今天度過的情況確實有這樣的好處：在一段漫長的悲劇性的歷史結束的時候，這場危機終於眞的爆發了，而且是在迫使我們用新眼光看問題、可以給馬克思主義輸進新生命的條件下爆發的。當然，不是每一場危機本身都孕育著新的未來和新解放的希望。僅僅是理解這場危機，也不能保證這種未來一定會到來。正因爲如此，把這場馬克思主義危機的「爆發」完全跟導致蘇共二十大和導致國際共產主義運動危機的這段坎坷的歷史聯繫起來，是錯誤的。爲了瞭解導致「爆發」這場危機和使它成爲一種有生力量的條件，我們也必須看看事情的另一面：不僅要看看正在死亡的東西，還要看看正在產生出來取代它的東西，即工人和人民的空前群衆的力量，這種力量擁有新的歷史性力量和潛力。如果說我們今天能夠從可能出現的解放和復興的角度來談論這場馬克思主義的危機，那麼這是因爲有這種群衆運動的歷史性力量和能力。正是這一運動在我們封閉的歷史中切開了一個突破口，並以不屈不撓的努力（人民陣線、抵抗運動），因此既以失敗又以勝利（阿爾及利亞、越南），又以一九六八年在法國、捷克和世界其他地方的勇敢挑戰，終於把這一體系的障礙掃除了，爲馬克思主義提供了一個眞正解放的機會。

但是，這些最初的解放跡象也是一種警告。我們不能以回顧過去，面對我們認爲完全被歪曲或被背叛了的立場爲滿足。我們正在經歷的這場危機迫使我們改變我們跟馬克思主義的關係中的某些東西，從而也改變馬克思主義本身中的某些東西。

我們事實上不能同意，任何事情完全通過向史大林的角色訴求的方式就都解決了。我們不能把我們的歷史、政治甚至理論的傳統看成是一份**純潔的遺產**，這份遺產已經因爲一個名叫史大林的人或他所統治的歷史時期而被歪曲了。是沒有只需我們重新找出來的那種馬克思主義原有的「純潔性」。在六十年代的整個考驗時期裡，即我們以不同的方式「回到經典著作」去，我們解讀或重新解讀馬克思、列寧和葛蘭西的著作，想從中找出一種活的馬克思主義來，找出某種被史大林式的公式和實踐所窒息了的東西來的時候，我們所有的人每一個人都不得不以自己的方式，甚至在我們有的分歧裡頭，承認這個明顯的事實——即我們的理論傳統並不是「純潔的」；跟列寧過於輕率的說法相反，馬克思主義不是「一整塊鋼鐵」，而是包含著困難、矛盾和空白，這些東西在這場危機中也在它們自己的層次上起著它們的作用，正如它們已經在第二個國際時期、甚至在第三(共產)國際初期列寧還活著的時候起過作用一樣。

馬克思主義中的矛盾

正是因爲如此我才想要說：我們現在正面臨著這樣一種極其重要的必要性，即非常仔細地重新審查我們在歷史上和在鬥爭中形成的對這些作家，即對馬克思、列寧、葛蘭西和毛澤東的某種看法。這種看法顯然是紮根於我們一些黨在意識形態方面團結一致的需要，**儘管我**

們作出了批判的努力，我們長期以來一直依賴這種看法，至今有時還堅持它。我們所挑選的這些作家給我們提供了一整套前所未有的、無可估價的理論原則。但是我們必須記住列寧說得非常清楚的一句話：馬克思「爲我們奠定了基礎……」。經典著作並沒有給我們提供一個統一而完美的整體，而是給我們提供了一系列著作，其中包含有許多堅實的理論原則和分析，同時也**混雜**有困難、矛盾和空白。這沒有什麼可奇怪的。如果說它們給我們提供了一個關於資本主義社會階級鬥爭的條件和形式的理論開端，那麼認爲這個理論一誕生出來就能具有「純潔的」和完美的形式，那就荒唐可笑了。此外，對於唯物主義者來說，關於一種純潔的和完美的理論的看法可能意味著什麼呢？我們怎麼能夠想像，譴責占統治地位的意識形態把持和壓迫的、關於階級鬥爭的條件和形式的這一種理論，從一開始就能完全擺脫這種意識形態，甚至在努力跟這種意識形態決裂當中不在某種程度上受到它的影響呢？我們怎麼能夠想像，這種理論在它的政治的和意識形態的歷史上能夠避開任何反作用，避開占統治地位的意識形態任何的感染。跟這種意識形態決裂是一場鬥爭，但它是一場永遠沒完沒了的鬥爭——這是我們不得不付出巨大代價才懂得的一個眞理。而且甚至既然這些經典作家未發表的文章和純粹的學習筆記現在才正在被發掘出來，來證明這些作家某些爲人所需要的看法，那麼就還是讓我們老老實實地承認，這些過去在未知的領域裡開拓的人物，不管他們的才能如何，畢竟還是普通的人：他們從事探索和發現，但也會感到猶豫，會犯錯誤，需要不斷改正，也會遇到任何研究工作都不可避免的差錯。因此，他們的著作帶有他們那個「時代」的思想印記，包含著困難、矛盾和空白，這是不足爲奇的。

今天，非常重要的是，要認識到這些明顯的困難、矛盾和空白的確存在著，並且要充分和清楚地考察它們。這既是爲了從我們自己的形勢中得出結論，弄清我們正在經歷的這場危機的某些方面，也是爲了承認這場危機有思想解放的一面，評估如果我們能夠使事物走上正軌的時候，這場危機所提供給我們的這一歷史機會。因爲這些困難中的某一些正好觸及到當前危機的要害問題。

爲了要把這點說得更清楚起見，我要提出幾個非常粗淺的例子。

剝削、國家和階級鬥爭

在馬克思本人的著作中，特別是在《資本論》中，存在著一種理論統一性，正像我們就要開始非常清楚地看到的，它在很大程度上是虛構的。我不僅僅是指馬克思認爲必須從分析商品開始(「萬事起頭難，每門科學都是如此」)，因而從分析價值開始(這帶來了大量問題)，而且也指強加給《資本論》的這種開端和思想統一性的結果，它們跟馬克思本人關於一種正確理論應該表現出的統一性的某種想法顯然是相符的。這些結果中的最重要的一項與剩餘價值問題有關。當你閱讀《資本論》第一卷第一篇的時候，你會發現一種對剩餘價值的理論闡述：這是一種算術上的描述，按照這種描述，剩餘價值是**可以計算的**，這是由勞動力生產出來的價值和勞動力本身的再生產所需商品的價值(工資)之間的(在價值上的)差額所確定出來的。在這種對剩餘價值的算術闡述中，勞動力完完全全表現爲一種商品。可以看得出來，這種對剩餘價值的算術闡述是符合馬克思所遵循的闡述問題的順序的：因此，它取決於他的「出發點」和隨之作出的區分(不變資本把一部份價值轉移到商品上，可變資本則投入勞動力)。**即使**我們接受這種出發點、這種開端和這些區分，我們仍然不得不注意到，把剩餘價值只說成是一種可計算的數量——因此完全忽視了榨取剩餘價值的條件(勞動條件)和勞動力本身再生產的條件——這就可能導致一種十分強烈的誘惑：**因爲這種對剩餘價值的(算術)闡述會被當作是一種關於剝削的完整理論**，使得我們忽視勞動的條件和再生產的條件。然而，馬克思確實談到過這些條件——只不過是在這部著作的其他章節，即所謂「具體的」或「歷史的」章節，它們實際上處在闡述問題的順序**之外**(關於工作日、工場和大工業，關於原始積累等等的章節)。這自然提出了跟這種「闡述問題的順序」密切相關的前提和概念的問題，這些前提和概念已產生出某些實際的後果。你實際上能夠嚴肅地提出這樣的問題：這種把對剩餘價值的算術闡述當作關於剝削的完整理論的誤解，難道不是最後在馬克思主義的工人運動史上構成政治上和理論上的障礙，妨礙人們正確理解剝削的條件和形式，而且這種關於剝削(作爲純粹可以計算的數量)和勞動力(作爲簡單的商品)的狹隘觀念，難道不是已經部份地導致了對階級鬥爭的任務做出經濟鬥爭和政治鬥爭的古典分工，因而導致了每一種鬥爭形式的狹隘觀念，這種狹隘的觀念過去開始妨礙而且今天還在妨礙著整個工人階級和人民鬥爭形式的擴大。

在馬克思的著作中還有其他一些困難，也有許多謎。例如哲學之謎，尤其是辯證法之謎。關於辯證法，馬克思除了提出少數幾條過於概括而無法從字面上去領會、過於模稜兩可而令人費解的公式外，沒有說過什麼。有一個馬克思的辯證法和黑格爾的辯證法的關係問題。儘管這個問題表面上具有非常抽象和哲學的性質，但它卻包含有許多至關重要的東西：它關係到必然性的觀念和歷史的觀念，關係到歷史形態的觀念(歷史是有目的的嗎,有個終結嗎? 資本主義的崩潰是不可避免的嗎? 等等),即關係到階級鬥爭和革命行動的觀念。馬克思的沈默以及按照他的著作來重新建構他的哲學立場的這一困難,實際上——除了幾個例外(列寧、葛蘭西)——打開了通向實證主義和進化主義的道路,它們的形式被史大林在《聯共(布)黨史簡明教程》(*Short History of the CPSU* [*B*])一書裡所寫的關於〈辯證唯物主義和歷史唯物主義〉這一章固定和凍結了三十年。

再舉一個例子。在馬克思和列寧的著作中有兩個極為重要的理論空白:一個是關於國家,另一個是關於階級鬥爭的組織。

我們必須坦率地說:**確實**不存在任何「馬克思主義的國家學說」。這並不是說馬克思和列寧試圖迴避這個問題——這個問題正是他們政治思想的核心。但是,你在經典作家的著作中所發現的,首先只是以在階級鬥爭和階級統治之間建立關係的形式(有一些明確的指示,但毫無分析),一再告誡要防止所有的資產階級的國家觀念,因此只是一種消極的分界線和定義。馬克思和列寧的確說過存在有「不同類型的國家」。但是,國家怎樣保證階級統治? 國家機器怎樣產生作用? 無論馬克思還是列寧都沒有開始分析這些問題。因此,當你重讀列寧一九一九年七月十一日在斯維爾德洛夫(Sverdlov)大學所作的《論國家》(*On the State*)的講演時,會感到難過。他強調:這是一個困難的、非常複雜的問題……。列寧一而再、再而三地重複:國家是一種特殊的機器,一種特殊的工具,為了十分明確地指出國家不是像其他機器一樣的機器,他不斷地使用「特殊的」這個詞——但從來沒有說明白「特殊的」在這裡可能意味著什麼(無論「機器」還是「工具」可能意味著什麼,也沒講清楚)。同樣,當你重讀葛蘭西在獄中寫下的小方程式(國家＝強制＋文化霸權 hegemony, 專政＋文化霸權, 武力＋同意, 等等）時，也會感到難過。這些方程式與其說是一種國家學說的表達方式，不如說是用借自「政治科學」和列寧的術語探索一條旨在由工人階級奪取國家政權的政治路線。列寧和葛蘭西的悲哀來自這樣的事實：他們試圖超越古典消極的定義——但是只是摸索，而沒有成功。

但是關於國家的這個問題今天對於工人運動和人民運動極爲重要。它對於理解東歐各國極爲重要，在那裡，國家遠未「消亡」，而是通過與黨合併獲得越來越多的權力。在提出人民的力量如何取得政權，並按照革命民主的方向改造國家以使其消亡的問題時，它也極爲重要。

同樣，你在馬克思主義的遺產中也找不到任何眞正關於階級鬥爭組織、尤其是關於政黨和工會的理論。當然存在著一些有關政黨和工會的政治上的、因而是實踐上的論斷，但是沒有什麼東西眞正可以讓我們理解政黨和工會產生作用的情況，包括各種它們無法產生作用的情況。工人運動很早以前就開始有了工會的和政治的鬥爭組織，它們是建立在工人運動自己傳統的基礎之上，也是建立在現存的資產階級組織（在必要的場合，也包括軍事上的模式）的基礎之上的。這些形式被保留下來並作了修改：它們有一部它們從歷史上保存下來的完整歷史。無論在東方還是在西方，我們都面臨著在這些組織與國家之間存在的這一關係的嚴重問題：在東方我們是面臨著這些組織和國家合併（公然合併）的問題；在西方我們是面臨著有合併**危險**的問題，因爲資產階級國家從來沒有不想把工人階級的階級鬥爭組織納入到它的運轉軌道上去，而且往往取得成功。

群衆的首創精神

但是，馬克思主義理論中的這兩個「空白」是和對我們來說有決定性的問題緊密相關的。國家的性質是什麼，尤其是在當前的帝國主義社會中所看到的那種類型的國家的性質是什麼？政黨和工會的性質是什麼，它們產生作用的方式又是什麼？我們如何能夠避免國家和黨最終合併的危險？我們現在如何能夠理解「摧毀」資產階級國家的必要性，以促進這種過程，又如何能夠為革命國家的「消亡」作好準備？我們如何能夠檢查和改變階級鬥爭組織的性質和產生的作用？我們如何能夠改變黨或是作為「工人階級的黨」或是作為「領導的黨」的這一傳統的共產黨對黨的印象，我們如何能夠改變它的意識形態，以使它能夠在實際上承認其他政黨和其他運動的存在？尤其是——對於過去和未來都是最重要的問題——我們如何能夠跟這種群衆運動建立關係？這種群衆運動超越工會和政黨之間的傳統區別，可以讓人民當中的首創精神發展起來，這種首創精神往往不能適應經濟領域和政治領域之間的分工(甚至「加在一起」)。因為我們看到，越來越多的人民的群衆運動正在工會和政黨之外自發地產生，給鬥爭帶來——或能夠帶來——某種不可缺少的東西。總而言之，我們如何能夠適當地滿足人民群衆的要求和期望？我們以不同的、消極的或積極的形式，以隱蔽的或公開的方式，客觀地或主觀地面臨著同樣的關鍵性問題：關於國家、工會以及那些群衆運動和群衆的首創精神的問題。但是，就對這些問題的回答來說，我們在本質上只能靠自己，而不能靠任何別人。

這些問題肯定不是新問題。馬克思主義者和革命者過去曾經試圖設法在危機時期提出這些問題，但是它們已被遺忘或掩蓋起來了。然而今天它們又以前所未有的規模被提了出來，而且——十分重要的是——它們是以群衆的規模、**在實踐中**被提了出來，正如我們正在義大利、西班牙和其他地方所看到的那樣。今天我們能夠說：沒有群衆運動，沒有群衆的首創精神，我們就不可能公開地提出這些問題來——由於這種運動，這種首創精神，這些問題已成爲**亟待解決的**政治問題了。正像如果馬克思主義的危機沒有**爆發**出來，我們就不可能這樣明確地提出這些問題來一樣。

一次新的轉變

無可否認，任何東西都不能預先贏得，也不可能在一夜之間就改變任何東西。對馬克思主義危機的「遏制」可能——在或多或少「令人放心」的外表下——還要在這個或那個黨內，在這個或那個工會內延續很長的時間。重要的不是來自東方或西方的少數知識份子發出告警的口號：它可能得不到任何反應。重要的是工人運動和人民運動儘管遭到了分裂，儘管在這裡或那裡似乎陷入了絕境，事實上從來沒有像現在這樣強大、這樣富於應變的能力和首創精神。重要的是這種運動儘管付出了猶豫不決和嚴峻考驗的代價，實際上正在開始意識到這場國際共產主義運動的危機和馬克思主義的危機的意義：我這裡談的是所遇到的風險的嚴重性、這場危機的深刻性以及它所展現的歷史上的解放機會。馬克思主義在其歷史上已經經歷過一長串的危機和轉變。你只需要回想一下馬克思主義在第二國際垮台以後援助「民族事業」的這一轉變。現在，在目前這場危機中，我們正面臨著類似的轉變，它已在群衆的鬥爭中紮下了自己的根基。這種轉變能夠帶來馬克思主義的新生，賦予它的理論以新的力量，改變它的意識形態、它的組織和它的實踐，爲工人階級和全體勞動人民開拓社會、政治和文化革命的眞正未來。

誰也不會說這個任務不是極端困難的：但重要的是，縱然困難重重，**它還是可能實現的**。

---

❶本文英譯者是洛克。

譯名索引

A

Adorno, Theodor Weisengrund 阿多諾 78
Althusser, Louis 阿圖塞 5
Aristotle 亞里士多德 57,89
Auden, W. H. 奧登 3,79
Augustine 奧古斯丁 91

B

Bachelard, Gaston 巴歇拉爾 107
Bacon, Francis 培根 25
Beckett, Samuel 貝克特 75
Bergson, Henri 柏格森 25
Bernstein, Eduard 伯恩施坦 118
Blake, William 布萊克 70
Brecht, Bertolt 布萊希特 75
Brewster, Ben 布魯斯特 68
Brezhnev, Leonid Ilich 布里茲涅夫 229

C

Claudin, Fernando 克勞汀 231

Cornforth, Maurice 康福斯 1

D

Della Volpe, Galvano 德拉沃爾佩 68

Demetz, Peter 迪米茲 78

Descartes, Réné 笛卡兒 25,156

Dietzgen, Joseph 狄慈根 83

Dühring, Eugen Karl 杜林 118

E

Einstein, Albert 愛因斯坦 38

Eliot, George 艾略特 73

Engels, Friedrich 恩格斯 159,167

F

Feuerbach, Ludwig 費爾巴哈 15,22

Fichte, Johann Gottlieb 費希特 25

Franklin, Benjamin 富蘭克林 89

Fuller, John 富勒 75

Freud, Sigmund 弗洛伊德 64

G

Galilei, Galileo 伽利略 57
Garaudy, Roger 加羅蒂 47
Gassendi, Pierre 伽桑狄 25
Goethe, Johann Wolfgang von 歌德 71
Goldstick, D. 高爾斯蒂克 1
Gramsci, Antonio 葛蘭西 59
Grant, D. D. 格蘭特 1
Gray, Gordon 格雷 1

H

Harvey, James 哈維 77
Hegel, Georg Wilhelm Friedrich 黑格爾 9
Hobbes, Thomas 霍布斯 25

K

Kant, Immanuel 康德 25
Kautsky Karl 考茨基 195
Khrushchev, Nikita Sergejevich 赫魯雪夫 44
Kolakowski, Leszek 科拉柯夫斯基 54
Korsch, Karl 科西 9
Kuhn, Thomas 庫恩 150

L

Lacan, Jacques 拉康 66
Landshut, Siegfried 蘭德蘇 48
Lassale, Ferdinand 拉薩爾 123
Lavoisier, Autoine-Laureut 拉瓦錫 162
Lawrence, D. H. 勞倫斯 73
Leavis, Frank Raymond 利維斯 73
Lenin, Vladimir Iliich 列寧 43
Lecourt, Dominique 列庫特 2
Lewis, John 劉易斯 1
Lock, Grahame 洛克 1,81
Locke, John 洛克 25
Lukács, Georg 盧卡奇 9
Lysenko, Trofim Denisovich 李森科 2,213

M

Marcuse, Herbert 馬庫色 63
Marx, Karl 馬克思 1
Mao Zedong 毛澤東 96
Mayer, J. P. 邁爾 49
Medvedev, Zhores 麥德維杰夫 225
Mehring, Franz 梅林 152
Mikhailovsky, Nikola Konstantinovich 米海洛夫斯基 165

Moliére, Jean-Baptiste 莫里哀 71
Mounier, Emanuel 穆尼哀 9

O

Oakley, John 奧克萊 1

P

Plato 柏拉圖 83
Plekhanov, George 普列漢諾夫 185
Pope, Alexander 蒲伯 75
Popper, Sir Karl 波柏 35
Priestley, Joseph 普里斯特列 162
Proudhon, Pierre Joseph 普魯東 112

R

Ray, A. 雷 1
Ricardo, David 李嘉圖 178
Robbe-Grillet, Alain 羅伯-格里耶 76
Rochet, Waldeck 羅歇 45
Rossanda, Rossana 羅桑達 227
Ruge, Arnold 盧格 212

S

Sartre, Jeau-Paul 沙特 9

Schweitzer, Johanu Baptist 施韋澤 179
Sève, Lucien 塞夫 177,197
Shakespeare, William 莎士比亞 71
Shaw, George Bernard 蕭伯納 25
Soblonov 索布洛諾夫 177
Sophocles 索福克勒斯 71
Spartacus 斯巴達卡斯 93
Stalin, Joseph 史大林 53

T

Thales 泰勒斯 57
Thomas Aquinas 托馬斯・阿奎那 91
Trentin, Bruno 特倫廷 231
Trotsky, Leon 托洛茨基 53

V

Vico, Giovanni Batista 維科 87

W

Wagner, Adolph 瓦格納 111
Wagner, Richard 華格納 69
Walras, Marie-Esprit Léon 瓦爾拉 174
Whitten, M. 韋頓 1
Wilson, Edmund 威爾遜 69

Wrigley, John 里格利 1

國立中央圖書館出版品預行編目資料

自我批評論文集．補卷／阿圖塞等著；林泣明，許俊達譯．--初版．--臺北市：遠流，1991［民80］

面；　公分．--(新馬克思主義經典譯叢；5)

含索引

ISBN 957-32-1421-0(平裝)

1.阿圖塞(Althusser, Louis)－學識－哲學

2.馬克斯主義

146.79　　　　80003543

【遠流學術書編輯室】

新橋譯叢

康樂博士主編

編輯委員：石守謙、吳乃德
梁其姿、章英華、張彬村、
黃應貴、葉新雲、錢永祥

		作者	譯者	售價
L2001	中國的宗教	Weber	簡惠美	390
L2002	韋伯選集 I:學術與政治	Weber	錢永祥	280
L2003	韋伯選集 II:宗教與世界	Weber	康樂·簡惠美	170
L2004	韋伯選集 III：支配的類型	Weber	康　樂	250
L2005	資本主義與現代社會理論	Giddens	簡惠美	380
L2006	鉅變	Polanyi	黃樹民等	400
L2007	史家的技藝	Block	周婉窈	180
L2008	文化變遷的理論	Steward	張恭啓	280
L2009	現代經濟理論危機	Bell&Kristol	張瑞猛	325
L2010	集體行動的邏輯	Olson	董安琪	190
L2011	歐洲經濟史:中古篇	Cipolla	夏伯嘉	340
L2012	歐洲經濟史:工業革命	Cipolla	張彬村	390
L2013	歐洲經濟史:工業社會的興起 I	Cipolla	張彬村·林灑華	340
L2014	歐洲經濟史:工業社會的興起 II	Cipolla	張彬村·林灑華	390
L2015	科學革命的結構	Kuhn	王道還等	390
L2016	青年路德	Erikson	康綠島	295
L2017	禮物	Mauss	汪珍宜·何翠萍	190
L2018	年鑑史學論文集	Bloch等	梁其姿	250
L2019	藝術與鑑賞	Friedlander	梁春生	220
L2020	權力與特權 I	Lenski	王慶力	250
L2021	權力與特權 II	Lenski	王慶力	310
L2022	經濟與歷史	Weber	康　樂	265
L2023	南海舡人 I	Malinowski	于嘉雲	300
L2024	南海舡人 II	Malinowski	于嘉雲	290
L2025	社會的演化	Parsons	章英華	295

【遠流學術書編輯室】

西方文化叢書

高宣揚主編

編輯顧問：梁漱溟、洪謙

勞思光、劉述先、韋政通、

葉啓政

L1001	解釋學簡論	高宣揚著	150元
L1002	涂爾幹社會學引論	朱元發著	120元
L1003	皮亞傑及其思想	杜聲鋒著	120元
L1004	拉康結構主義精神分析學	杜聲鋒著	130元
L1005	戰後法國社會學的發展	胡　偉著	130元
L1006	法國當代史學主流	姚　蒙著	140元
L1007	當代法國經濟理論	林義相著	130元
L1008	維特根斯坦	趙敦華著	140元
L1009	作爲哲學人類學的佛洛伊德理論	汪　暉著	100元
L1010	勞斯的《正義論》解說	趙敦華著	130元
L1011	哲學人類學	高宣揚著	150元
L1012	韋伯思想概論	朱元發著	130元
L1013	西方大衆傳播學	劉　昶著	130元
L1014	阿爾貝・卡繆	張　容著	140元
L1015	佛洛姆人道主義精神分析學	王元明著	160元
L1016	阿爾杜塞	曾枝盛著	130元
L1017	邏輯經驗主義論文集	洪　謙著	160元
L1018	雨果	鄭克魯著	130元

【遠流學術書編輯室】

人文科學叢書

高宣揚主編

		作者	譯者	售價
L6001	結構主義	高宣揚		160
L6002	阿多諾:藝術、意識形態與美學理論	Jimenez	欒棟·關寶艷	140
L6003	美學	Huisman	欒棟·關寶艷	140
L6004	馮友蘭與新理學	田文軍		170
L6005	熊十力與中國傳統文化	郭齊勇		160
L6006	李克爾的解釋學	高宣揚		150
L6007	新馬克思主義導引	高宣揚		180
L6008	德國哲學的發展	高宣揚		180
L6009	道德思維	Hare	黃慧英·方子華	180
L6010	歐洲共同體法概論	章鴻康		150

西方經典叢書

		作者	譯者	售價
L3001	西方的沒落	Spengler	陳曉林	400
L3002	歷史研究(上)	Toynbee	陳曉林	400
L3003	歷史研究(下)	Toynbee	陳曉林	400
L3004	查拉圖斯特拉如是說	Nietzsche	林建國	220
L3005	意志和表象的世界	Schopenhauer	林建國	350
L3006	羣衆的反抗	Ortega	蔡英文	140
L3007	藝術論	Tolstoy	耿濟之	140
L3008	婚姻革命	Russell	靳建國	140
L3009	權力論	Russell	靳建國	160
L3010	我的信仰	Russell	靳建國	160

【遠流學術書編輯室】

比較文化叢書

		作者	譯者	售價
L5001	生存及生存者	Levinas	顧建光等	100
L5002	薩摩亞人的成年	Mead	周曉虹等	130
L5003	三個原始部落的性別與氣質	Mead	宋踐等	170
L5004	文明經受著考驗	Toynbee	沈輝等	180
L5005	文化與自我	Massella等	任鷹等	170
L5006	文化科學	White	曹錦淸等	200

人與社會名著譯叢

		作者	譯者	售價
L5101	論人的天性	Wilson	林和生等	140
L5102	尋求靈魂的現代人	Jung	蘇克	170
L5103	人類動物園	Morris	周邦憲	140
L5104	存在的勇氣	Tillich	成顯聰等	130
L5105	超越自由與尊嚴	Skinner	王映橋	140
L5106	我們時代的神經症人格	Karen Horney	馮川	160
L5107	禪宗與精神分析	Fromm等	王雷泉	150